Claire Miquel

VOCABULAIRE
PROGRESSIF
DU FRANÇAIS

avec 250 exercices

CLE
INTERNATIONAL

À Michel

Édition : Martine Ollivier
Illustrations : Marc Fersten
Mise en pages : Télémaque

AVANT-PROPOS

Le **Vocabulaire progressif niveau faux débutant** s'adresse à des étudiants adultes et adolescents ayant déjà acquis quelques notions de français.

Tout au long de cet ouvrage, nous nous sommes efforcée de n'utiliser que des structures grammaticales simples (présent et passé composé pour l'essentiel), afin que le lecteur ne bute pas sur des difficultés de grammaire. En effet, l'objet de ce manuel est de présenter les bases du vocabulaire courant de la France d'aujourd'hui, et d'aider l'élève à l'assimiler aussi facilement et aussi agréablement que possible.

Ce livre est composé de 28 chapitres portant sur les sujets généralement abordés dans les méthodes de langue de niveau 1. Les chapitres jouissent d'une autonomie complète, ce qui permet à l'élève de travailler tel ou tel thème, selon ses besoins et dans l'ordre qu'il souhaite.

Le choix du lexique ne tend en aucun cas à l'exhaustivité. Il s'agit clairement d'un choix subjectif, mais raisonné, reposant sur une longue et constante pratique de terrain. Nous avons tenu compte, dans l'élaboration de cet ouvrage, des observations, questions, difficultés, besoins de nos propres étudiants, lorsqu'ils se confrontent aux problèmes lexicaux.

Nous avons, par conséquent, privilégié les termes concrets (d'où, par exemple, un chapitre intitulé « Faire les courses »), pour permettre à l'élève de se plonger dans la réalité de la vie en France. Pour ce faire, nous avons également parsemé les chapitres de diverses « remarques », tantôt grammaticales, tantôt touristiques, tantôt culturelles, comme un professeur le ferait dans sa classe.

Ce volume s'inscrit dans une collection dont il respecte le principe :

• **Sur les pages de gauche :** une leçon, construite comme un cours, présentant le vocabulaire d'une manière vivante. Divers procédés sont mis en œuvre : soit une histoire (chapitre 3), soit une mise en contexte (chapitre 26), soit encore des dessins (chapitre 10), soit un combiné des trois (chapitre 11).

• **Sur les pages de droite :** des exercices d'application de nature aussi variée que possible (*vrai ou faux, éliminez l'intrus, questions à choix multiple, exercices à trous, exercices d'association, d'identification…*). Ces activités pédagogiques sont classées par ordre de difficulté croissante (c'est l'aspect « progressif » du manuel) : à l'intérieur de chaque page, puis dans l'ensemble du chapitre. De ce fait, le dernier exercice de chaque chapitre constitue une sorte de bilan des notions abordées.

• **Un livret séparé** contient les corrigés des exercices : ce manuel peut donc être utilisé aussi bien en classe, comme support ou complément de cours, qu'en auto-apprentissage.

• **En fin d'ouvrage,** un index très développé permet à l'étudiant de retrouver les occurrences d'un mot : il pourra donc en découvrir les divers sens et les divers usages.

L'astérisque qui suit certains mots ou expressions
signale leur appartenance au registre familier de la langue.*

SOMMAIRE

LES USAGES – LA POLITESSE

1

En France, on ajoute aux expressions de politesse « madame », « monsieur », ou le prénom, si on se connaît bien.

DIRE BONJOUR

- Si vous ne connaissez pas bien quelqu'un, vous dites simplement :
- **Bonjour**… (**madame**/**monsieur**/Isabelle), dans la journée ; et
- **Bonsoir**…, le soir.

- Si vous connaissez bien la personne, si c'est un(e) ami(e) :
- Bonjour/Bonsoir, **ma chère** Mathilde !
- Bonjour, Bénédicte, **comment vas-tu** ?
- **Bien, merci, et toi ?**
- **Ça va bien**, merci.

- La même situation, plus familière :
- **Salut***, Mathilde, **ça va** ?
- Tiens, salut ! Ça va, merci, et toi ?
- Ça va !

DIRE AU REVOIR

- Si on ne sait pas quand on va revoir la personne :
- Au revoir, Diane, **à bientôt** !
- Quand on va revoir la personne dans quelques heures :
- Salut*, Simon ! **À tout à l'heure** !
- – Bonsoir, Raphaël, **à lundi** !

Remarque : « Salut » signifie aussi bien « bonjour » que « au revoir ».

« TU » OU « VOUS » ?

- On dit « vous » quand on ne connaît pas quelqu'un et quand on utilise les expressions « monsieur » ou « madame » : dans la rue, dans les magasins, etc.
- On utilise « tu » avec un enfant ou entre adultes dans un contexte amical ou familial. Si vous n'êtes pas sûr, utilisez « vous ». Vous ne risquez pas d'être **impoli** (≠ **poli**).

1 Replacez les expressions suivantes dans les dialogues.

au revoir – toi – tout à l'heure – ça va (2 fois) *– bonjour* (2 fois) *– bien*

1. – _____, mon cher Pierre !

– _____, Brigitte ! _____ _____ ?

– _____, merci, et _____ ?

– _____ _____

2. – _____ _____, Nathalie !

– Au revoir, Aurore ! Tu pars déjà ?

– Oui, je vais déjeuner.

– Alors, à _____ _____ _____ !

2 Associez pour constituer une phrase complète.

1. Bonjour, madame,   a. Anne !

2. Salut,   b. monsieur.

3. Au revoir, Juliette,   c. comment allez-vous ?

4. Comment…   d. Christian !

5. Bonsoir,   e. à bientôt !

6. Bonjour, ma chère   f. vas-tu ?

3 Qui dit « tu » et qui dit « vous » ?

1. Julie (7 ans) parle à Benjamin (9 ans). Julie dit _____ et Benjamin dit _____ .

2. Mme Chaumont (70 ans) et M. Leduc (75 ans). Elle dit _____ . Il dit _____ .

3. Maxime (20 ans) et son ami Philippe (22 ans). Maxime dit _____ . Philippe dit _____ .

4. M. Roy (62 ans) et sa petite-fille Léa (5 ans). Il dit _____ . Elle dit _____ .

5. Maman (34 ans) et son fils (10 ans). Elle dit _____ . Il dit _____ .

6. Bérénice (20 ans) et le docteur Dubois (50 ans). Elle dit _____ . Il dit _____ .

4 Vrai ou faux ?

	VRAI	FAUX
1. Il est 21 heures, je dis : « Bonsoir, madame. »	❑	❑
2. Léon va revoir Maxime dans une heure, il dit : « À bientôt ! »	❑	❑
3. Sébastien rencontre son professeur de violon, il dit : « Salut ! »	❑	❑
4. Michel voit son ami François, il dit : « Tu… »	❑	❑
5. Mme Laurier rencontre le petit Nicolas, elle dit : « Vous… »	❑	❑
6. Florence dit : « Bonjour monsieur » à son professeur de mathématiques.	❑	❑
7. Luc entre dans une boulangerie. Il dit : « Madame, tu peux me donner une baguette ? »	❑	❑

PRÉSENTER = FAIRE LES PRÉSENTATIONS

■ Situation professionnelle

- **Je vous présente** Florence Dusapin, notre nouvelle responsable de marketing.
- – Bonjour, madame, **enchanté**.
- – **Enchantée**, monsieur.

■ Contexte amical

- Nicolas, **est-ce que tu connais** ma copine* Émilie ?
- – Non, pas encore. Bonjour, Émilie.
- – Bonjour, Nicolas.

Remarque : La politesse et les usages changent avec le temps. Les jeunes utilisent plus facilement la forme « tu », le prénom, et les expressions comme « salut ! ».

QUELQUES GESTES

- Les Français, et surtout les hommes, **se serrent la main** pour se dire bonjour ou au revoir.

- Les femmes qui se connaissent bien (amies, collègues de travail) **s'embrassent** sur la joue (= elles se **font un bisou*** = **une bise***).

On **embrasse** aussi un enfant (pour lui dire bonjour).

Remarque culturelle : Selon les régions, on fait deux, trois ou quatre bisous !

ACCUEILLIR

– Entrez, je vous en prie !
Je peux prendre votre manteau ?

– Ça me fait plaisir de vous voir !
Asseyez-vous, je vous en prie !

– Je suis content de te voir ! Assieds-toi !

1 **Choisissez la bonne réponse.**

1. Je vous | présente | connais | mon nouveau collègue.

2. Lise | s'embrasse | embrasse | le petit Bastien.

3. Delphine | donne | fait | un bisou à Philippe.

4. Ça me fait | plaisir | content | de te voir !

5. Est-ce que tu | connais | embrasses | mon ami Geoffroy ?

6. | Asseyez | Assieds | -toi, je t'en prie !

7. Entrez, je vous en | prie | présente | !

2 **Choisissez la légende correcte.**

1. a. Marius fait les présentations.
   b. Marius dit bonjour.

2. a. Ils s'embrassent.
   b. Ils se disent bonjour.

3. a. « Asseyez-vous, je vous en prie ! »
   b. « Assieds-toi, je t'en prie. »

4. a. « Bonjour, madame, enchanté ! »
   b. « Salut, Sophie ! »

3 **Complétez.**

1. Entrez, je _____ _____ _____ !

2. Ça me _____ _____ de te voir !

3. Je _____ prendre votre manteau ?

4. Est-ce que tu _____ mon ami Michel ?

5. Je vous _____ ma femme.

6. _____-vous, je vous en prie !

S'EXCUSER

- Oh, **pardon**, madame. **Je suis désolé !**
– **Ce n'est rien**, monsieur !

- **Excusez-moi**, monsieur ! **Je suis désolée** d'être en retard !
– **Je vous en prie, ce n'est pas grave.**

DEMANDER – REMERCIER

- **Pardon**, madame, **vous pouvez** me dire où est la poste, **s'il vous plaît** ?
– Oui, monsieur. C'est au bout de la rue, à droite.
– **Je vous remercie**, madame.
– **Je vous en prie**, monsieur.

- **Tu peux** me prêter 1 €, **s'il te plaît** ?

– Oui, bien sûr !
– **Merci beaucoup !**
– **De rien !**

FÉLICITER

- Pour une réussite, une promotion, un nouveau travail, la naissance d'un bébé, par exemple :
– **Félicitations ! Toutes mes félicitations !**
– **Je suis vraiment content(e) pour toi / vous !**
– **Bravo !**

- Pour un mariage : – **Tous mes vœux de bonheur !**

PLAINDRE

- À l'annonce d'une mauvaise nouvelle :
– Tu sais, je n'ai plus de travail.
– Oh, **mon pauvre** Marc ! **Ma pauvre** Solange ! Tu n'as pas de chance !

- À l'annonce d'une horrible nouvelle :
– Vous savez que nous avons perdu un enfant ?
– Oh mon Dieu, **c'est terrible, c'est affreux, ce n'est pas possible !**
Je suis désolé(e) pour vous !

1   **Remettez le dialogue dans l'ordre.**

a. – Je vous remercie, monsieur.

b. – Pardon, monsieur, vous pouvez me dire où est le musée d'Orsay, s'il vous plaît ?

c. – Je vous en prie, madame.

d. – Oui, madame, c'est facile, c'est la deuxième rue à gauche.

1. _____   **2.** _____   **3.** _____   **4.** _____

2   **Associez une situation et une expression.**

1. J'ai finalement trouvé un travail !

2. Je vais me marier le mois prochain !

3. J'ai eu un accident de voiture !

4. J'ai perdu ma femme !

5. J'ai eu une promotion !

6. J'ai gagné le match de tennis !

a. Bravo, mon chéri !

b. Ah, je suis content pour toi !

c. Tous mes vœux de bonheur !

d. Toutes mes félicitations !

e. Oh, c'est affreux ! Je suis désolé !

f. Oh, mon pauvre !

3   **Choisissez la réponse correcte.**

1. Tu peux me prêter ton stylo, s'il te plaît ?

   a. Oui, bien sûr !   ❑

   b. Ce n'est pas grave.   ❑

2. Excusez-moi, je suis en retard !

   a. Ce n'est pas grave.   ❑

   b. Je vous remercie !   ❑

3. Tu sais, j'ai perdu mon travail !

   a. Toutes mes félicitations !   ❑

   b. Mon pauvre, je suis désolé !   ❑

4. Merci beaucoup !

   a. Ce n'est pas grave.   ❑

   b. De rien !   ❑

5. Je vous présente Hélène Duparc.

   a. Salut, Hélène !   ❑

   b. Enchanté, madame !   ❑

6. Notre mariage est le 1er août.

   a. Tous mes vœux !   ❑

   b. Bravo !   ❑

4   **Éliminez l'intrus.**

1. Excusez-moi / Pardon / S'il vous plaît

2. Ce n'est pas grave / Ce n'est pas possible / Ce n'est rien

3. Toutes mes félicitations / Ça me fait plaisir de te voir / Je suis content de te voir

4. Je vous en prie / De rien / Je suis désolé

5. Je vous remercie / Je vous en prie / Merci beaucoup

6. Je suis content pour vous / Je suis désolé / Excusez-moi

7. À bientôt / Enchanté / À tout à l'heure

SOUHAITER

- **Bonne journée !**
- **Bonne après-midi !**
- **Bonne soirée !**
- Juste avant de dormir : **Bonne nuit ! Dors bien ! (Dormez bien !)**
- Bon week-end !
- Avant des vacances : **Bonnes vacances ! Repose-toi bien ! (Reposez-vous bien !)**
- Avant un voyage : **Bon voyage !**
- Avant de manger : **Bon appétit !**
- Pour un anniversaire : **Bon anniversaire**, Viviane ! – **Joyeux anniversaire !**
- Avant un examen : **Bonne chance !**
- Avant Noël : **Joyeux Noël !** – Bon Noël !
- À partir du 1er janvier : **Bonne année ! Tous mes vœux !**

QUELQUES USAGES

- Traditionnellement, les femmes ont la priorité ! Un homme **ouvre la porte à** une dame et la **laisse passer**. Un enfant fait la même chose.

- Quand on **est invité à dîner** chez une personne, on apporte un petit cadeau :
– un bouquet de fleurs, une boîte de chocolats, quand on ne connaît pas très bien la personne ;
– des fleurs, une bouteille de bon vin ou de champagne, quand on est amis. Au moment de l'invitation, on peut demander : « **Qu'est-ce que je peux apporter ?** »

- Si **l'invitation** est à 20 heures par exemple, la politesse demande qu'on arrive environ 10 minutes plus tard.

- Au moment de Noël, on donne une petite somme d'argent (des **étrennes**) au facteur (la poste), aux éboueurs (qui ramassent les poubelles) et aux pompiers. Généralement, ils viennent directement sonner à la porte.

- Fin décembre, début janvier, on envoie des **cartes de vœux** aux personnes qu'on aime bien et qu'on connaît bien. Il est plus personnel de les écrire à la main.

1   Que répondez-vous dans les situations suivantes ?

1. « C'est mon anniversaire, le 9 août prochain. »

– _____

2. « Nous partons en vacances. »

– _____

3. « Je vais à l'opéra, ce soir. »

– _____

4. « J'ai un examen de chimie mardi prochain. »

– _____

5. « Je suis fatigué, je vais au lit. »

– _____

6. « Je pars en Chine demain. »

– _____

2   Associez une situation et une expression.

1. Nous sommes le 1er janvier.

2. Léa est invitée à dîner chez des amis.

3. Agnès a eu une promotion.

4. Matthieu part en vacances.

5. Solange va se marier.

6. Nous sommes le 24 décembre.

7. Didier part en voyage.

a. Tous mes vœux de bonheur !

b. Bon voyage !

c. Joyeux Noël !

d. Qu'est-ce que je peux apporter ?

e. Bonne année !

f. Toutes mes félicitations !

g. Bonnes vacances !

3   Choisissez la bonne explication.

1. « Repose-toi bien ! »

   a. Odile va dormir. ☐

   b. Odile part en vacances. ☐

2. « Toutes mes félicitations ! »

   a. Louise a un nouveau travail. ☐

   b. Louise va à un examen. ☐

3. « Enchantée, monsieur ! »

   a. Béatrice connaît bien Paul. ☐

   b. Béatrice ne connaît pas Paul. ☐

4. « Mon pauvre René ! »

   a. Rose plaint René. ☐

   b. Rose félicite René. ☐

5. « Ça va, Lucien ? »

   a. Adèle ne connaît pas bien Lucien. ☐

   b. Adèle est amie avec Lucien. ☐

6. « Salut, Gabriel ! »

   a. Luc dit bonjour ou au revoir. ☐

   b. Luc dit bonjour. ☐

2

LA FAMILLE
LES PÉRIODES DE LA VIE

LA FAMILLE

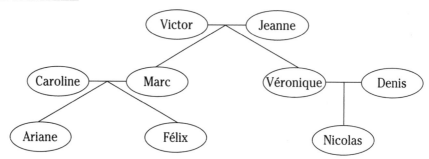

- Victor et Jeanne sont **mariés** : Victor est **le mari** de Jeanne, Jeanne est **la femme** de Victor. Ils ont deux **enfants** : **un fils**, Marc, et **une fille**, Véronique. Victor et Jeanne sont **les parents** de Marc et Véronique.

- Marc est **le frère** de Véronique, Véronique est **la sœur** de Marc.

- Marc est **marié avec** Caroline. Caroline est **la belle-fille** de Victor et Jeanne. Victor est **le beau-père** de Caroline, Jeanne est **sa belle-mère** ; Victor et Jeanne sont **les beaux-parents**. Caroline est aussi **la belle-sœur** de Véronique.

- Véronique est mariée avec Denis. Denis est **le gendre** de Victor et Jeanne ; il est aussi **le beau-frère** de Marc.

- Marc et Caroline ont deux enfants : Ariane et Félix, qui sont **les petits-enfants** de Victor et Jeanne ; Ariane est leur **petite-fille**, Félix est **leur petit-fils**. Victor et Jeanne sont **les grands-parents** d'Ariane et Félix. Victor est leur **grand-père**, et Jeanne leur **grand-mère**.

- Véronique et Denis ont un fils, Nicolas. Nicolas est **le cousin** d'Ariane et Félix. Ariane est **la cousine** de Nicolas.

- Marc est **l'oncle** de Nicolas, Caroline est **sa tante**. Nicolas est **le neveu** de Marc et Caroline. Ariane est **la nièce** de Véronique et Denis.

Remarque :
- D'habitude, on appelle la mère « **maman** » et le père « **papa** ».
- On appelle le grand-père « **papi** » et la grand-mère « **mamie** », ou « **mamé** ».
- On appelle l'oncle « **tonton** », et la tante « **tatie** ».

E X E R C I C E S

1   **Trouvez la forme féminine.**

Exemple : le grand-père → *la grand-mère.*

1. l'oncle   → _____

2. le cousin   → _____

3. le fils   → _____

4. le neveu   → _____

5. le beau-frère → _____

6. le mari   → _____

7. le gendre   → _____

8. le petit-fils → _____

2   **Qui est-ce ? Pour répondre, regardez l'arbre généalogique de la page de gauche.**

1. C'est la petite-fille de Jeanne. → C'est *Ariane.*

2. C'est l'oncle de Nicolas.   → C'est _____

3. C'est le neveu de Véronique.   → C'est _____

4. C'est le beau-père de Denis.   → C'est _____

5. C'est le cousin d'Ariane.   → C'est _____

6. C'est le gendre de Victor.   → C'est _____

7. C'est le fils de Caroline.   → C'est _____

8. C'est la tante de Félix.   → C'est _____

3   **Complétez selon l'exemple.**

Exemple : Fabienne est la fille de Geneviève ; Geneviève est *la mère* de Fabienne.

1. Roger est le grand-père de Damien ; Damien est le _____ de Roger.

2. Emma est la mère de Lise ; Lise est la _____ d'Emma.

3. Christian est le gendre de Gérard ; Gérard est le _____ de Christian.

4. François est le neveu d'Anne ; Anne est la _____ de François.

5. Olivier est le frère de Claire ; Claire est la _____ d'Olivier.

6. Michel est le beau-frère de Sarah ; Sarah est la _____ de Michel.

7. Manon est la nièce de Philippe ; Philippe est l'_____ de Manon.

4   **Devinette. Qui parle à qui ?**

1. « Bonjour maman ! »   → un(e) enfant parle à *sa mère.*

2. « S'il te plaît, papa ! »   → un(e) enfant parle à _____

3. « Mamie, viens ! »   → un(e) enfant parle à _____

4. « Tonton, joue avec moi ! » → un(e) enfant parle à _____

5. « Merci, papi ! »   → un(e) enfant parle à _____

6. « Au revoir, tatie ! »   → un(e) enfant parle à _____

LES PÉRIODES DE LA VIE

■ L'enfance – L'adolescence

un bébé de 0 à 2 ans	un(e) enfant de 2 à 11/12 ans	un(e) adolescent(e) de 12 à 18 ans	un(e) adulte après 18 ans	une personne âgée ça dépend des personnes !

- *J'ai **passé mon enfance** en Bretagne.* = J'habitais en Bretagne quand j'étais enfant.
- *Il **a eu une adolescence** heureuse.* = Il était heureux quand il était adolescent.

Remarques :
1. Le mot « enfant » désigne :
– le fils ou la fille de quelqu'un : *Annie a trois enfants.*
– une personne très jeune (entre 2 ans et 12 ans environ) : *Les enfants vont à l'école.*
2. « Bébé » est toujours masculin ; « personne » est toujours féminin.

■ L'âge

- **Quel âge ont** Véronique et Denis ?

Véronique **a 38 ans** et Denis **a 43 ans**. Véronique **a 5 ans de moins que** Denis. Denis **a 5 ans de plus que** sa femme.

- Quentin a 7 ans, c'est **un petit garçon**. Manon a 8 ans, c'est **une petite fille**.
- Elle a 30 ans, elle est encore **jeune** ! C'est **une jeune femme**.
- J'ai 90 ans, je suis très **âgé**, je suis trop **vieux** pour faire du sport !

Remarques :
1. Ne confondez pas : « Ariane est **la** petite-fille **de** Jeanne » (= Jeanne est la grand-mère) et
« Ariane est **une** petite fille » (= elle est très jeune, c'est une enfant).
2. L'adjectif « vieux / vieille » a un caractère négatif. On préfère dire « âgé ».

- Les enfants **grandissent**, ils deviennent toujours plus grands.
*Mon fils a grandi **de** 4 centimètres !*

LA VIE ET LA MORT

- Aude **est née** le 28 septembre 1960. **Sa date de naissance** est le 28/09/60.
Elle a **son anniversaire** le 28 septembre.
- Louis **a perdu** sa femme : elle **est morte** (= **décédée**) le 10 mai. Le 10 mai est **l'anniversaire de sa mort**.

1 **Choisissez la bonne réponse.**

1. Bruno a 35 ans, c'est un adolescent | un adulte | une personne âgée .

2. Élodie a 1 an, c'est un bébé | une adulte | une enfant .

3. Grégoire a 15 ans, c'est un bébé | un enfant | un adolescent .

4. Matthieu a 6 ans, c'est un petit garçon | un petit-fils | un bébé .

5. Georges a 85 ans, c'est un enfant | un petit garçon | une personne âgée .

6. Bérengère a 30 ans, c'est une jeune femme | une petite fille | une adolescente .

2 **Choisissez le terme approprié pour compléter la biographie de Romain.**

Romain est né le 27 mars. C'était un très beau bébé | fille | fils . Il a passé toute son

naissance | adolescence | enfance à la campagne, depuis sa vie | anniversaire | naissance jusqu'à l'âge de

11 ans. Quand il est devenu jeune | adolescent | âgé , il est allé habiter à Lyon. À ce moment, il a eu des

problèmes avec ses parents. L'enfance | La vie | L'adolescence est souvent une période difficile !

À 20 ans, Romain a commencé à travailler. Il est enfin devenu adulte | vieux | âgé .

3 **Replacez les mots suivants dans le dialogue.**

petits-enfants – ont – âgée – fille – fils – a – enfants – âge – filles – mariée – petites-filles – garçon

1. – Vous êtes _____ ?

– Oui, je suis mariée.

2. – Vous avez des _____ ?

– Oui, j'ai deux enfants, un _____ et une _____ .

3. – Quel _____ ont-ils ?

– Renaud _____ 34 ans et Hélène, 28 ans.

4. – Vous avez des _____ ?

– Oui, parce que mon _____ , Renaud, a deux _____ .

5. – Quel âge _____ -elles ?

– 2 et 4 ans.

6. – Est-ce que vous voyez souvent vos _____ ?

– Oui, je les vois tous les dimanches.

7. – Est-ce que vous jouez beaucoup avec elles ?

– Pas très souvent, car je suis un peu trop _____ .

Vous savez, j'ai déjà 85 ans !

3 L'AMOUR – LES ÉMOTIONS

L'AMOUR

- Gabriel **rencontre** Mathilde chez des amis. Il **tombe amoureux** de Mathilde immédiatement. Mathilde, qui était **seule**, tombe **amoureuse** aussi.

- Un soir, Gabriel invite Mathilde chez lui. Il **l'embrasse**, ils **s'embrassent**. Puis ils **passent la nuit ensemble**, ils **font l'amour**. Gabriel dit « **Je t'aime** » à Mathilde.

- Ils commencent **une relation**. Gabriel est **célibataire**, il **vit seul**, mais après quelques mois, il accepte de **vivre avec** Mathilde. Ils **prennent un appartement** ensemble.

- Patricia : – Est-ce que tu sais que Gabriel **sort avec** Mathilde ?
Sandrine : – Mais oui, ils **vivent ensemble**.
Patricia : – Ils **sont amoureux** ?
Sandrine : – Ah oui, **c'est la passion** !

- Gabriel et Mathilde décident de **se marier**. Gabriel voudrait seulement **un mariage civil**, mais Mathilde voudrait aussi **un mariage religieux**.

- Gabriel et Mathilde organisent leur mariage. Samedi, à 11 heures, ils **vont à la mairie**. L'après-midi, à 15 heures, ils **vont à l'église**. Le soir, il y a une grande fête. Mathilde porte **une** belle **robe de mariée**.

Remarque culturelle : En France, seul le mariage civil a une valeur légale.

- Simon et Alain sont **homosexuels**. Ils **vivent en couple** depuis cinq ans. Maintenant, en France, leur **liaison** peut être officielle, car il existe **le « pacs »**.

Remarques :
1. Le « PACS » : le Pacte Civil de Solidarité, garantit certains droits aux couples non mariés.
2. Pour parler de la personne avec qui on vit, on dit : « ma femme », « mon mari », quand on est marié(e) ; « **mon amie** », « **mon ami** », quand on n'est pas marié(e). Les jeunes disent « **ma petite amie** », « **mon petit ami** ».

1 **Replacez les mots suivants dans le dialogue.**

amoureuse (2 fois) – *pris* – *célibataire* – *ensemble* – *relation*

1. – Est-ce que Pauline est mariée ?

– Non, elle est _____ .

2. – Est-ce qu'elle est seule ?

– Non, elle a une _____ .

3. – Est-ce qu'elle est très _____ ?

– Ah oui ! Elle est tombée _____ de Guillaume l'année dernière.

4. – Est-ce qu'ils vivent _____ ?

– Oui, ils ont _____ une maison ensemble.

2 **Choisissez la bonne réponse.**

1. Félix est tombé amoureux | de | avec | Micheline.

2. Ils ont une | passion | relation | .

3. Ils ne | vivent | se marient | pas encore ensemble.

4. Micheline aimerait vivre | ensemble | en couple | .

5. Félix ne veut pas | le mariage | se marier | .

6. Micheline regarde la robe de | mariage | mariée | de son amie Solange.

7. Félix et Micheline vivent | à l'église | une grande passion | .

3 **Remettez le dialogue suivant dans l'ordre.**

a. – Quand est-ce qu'il a quitté Manon ?

b. – Dans un café où j'étais avec des amis.

c. – Et Romain ?

d. – Je ne pense pas ! Je ne suis pas prête pour le mariage !

e. – Où est-ce que tu as rencontré Romain ?

f. – Oui, immédiatement !

g. – Et maintenant, Romain et toi vivez ensemble ?

h. – C'est Manon qui l'a quitté ! Elle était jalouse de moi !

i. – Vous avez l'intention de vous marier ?

j. – Romain était encore amoureux de Manon, à cette époque.

k. – Est-ce que tu es tombée amoureuse tout de suite ?

l. – Oui, nous avons pris un appartement ensemble.

1. _e_ **2.** _____ **3.** _____ **4.** _____ **5.** _____ **6.** _____

7. _____ **8.** _____ **9.** _____ **10.** _____ **11.** _____ **12.** _____

APRÈS LE MARIAGE...

- Patricia : – Tu sais que Gabriel et Mathilde vont **avoir un enfant** ?
Sandrine : – C'est vrai ? Pourtant, Gabriel n'aime pas **la vie de famille** !

Quelques années plus tard...
- Patricia : – Tu sais, Gabriel et Mathilde **ont divorcé** ! Mathilde **a demandé le divorce**. Elle **a quitté** Gabriel il y a six mois.
Sandrine : – **La séparation** doit être difficile pour Gabriel !
Patricia : – Oui, peut-être, mais il **est libre**, maintenant...

- Patricia : – Pourquoi est-ce que Mathilde est partie ?
Gabriel : – On **se disputait** beaucoup. Elle était très **jalouse**. Elle détestait que je regarde une jolie femme dans la rue ! **Les disputes** étaient terribles !
Patricia : – Maintenant, tu **es divorcé**, est-ce que tu voudrais **te remarier** ?
Gabriel : – Ah non ! Certainement pas !

LE VERBE « AIMER »

■ Pour parler de personnes

- Grégoire **aime bien** Carine = il est **copain*** (= ami) avec Carine. Carine est **une copine*** (= amie).
- Grégoire **aime beaucoup** Carine = il a beaucoup d'**affection** pour elle. Carine est **une grande amie**.
- Grégoire **aime** Carine = il a une relation amoureuse avec elle. Carine est **la femme de sa vie** !

Remarque : Le verbe « aimer », utilisé **seul**, a le sens **le plus fort** quand on parle de relations personnelles.

■ Pour parler d'activités, de situations, de choses

- Est-ce que vous aimez le chocolat ?
- Oui, j'**aime bien** le chocolat   → j'en mange.
- Oui, j'**aime beaucoup** le chocolat → j'en mange avec plaisir.
- Oui, j'**adore** le chocolat   → j'en mange trop !

Remarque : Il est rare d'utiliser le verbe « aimer » seul, en parlant de choses, d'activités, sauf dans une question.

1 Choisissez la bonne explication.

1. Florence est une bonne copine.

    a. Louis est amoureux de Florence. ❏   **b.** Louis aime bien Florence. ❏

2. Je vous présente ma femme.

    a. Valentin est marié. ❏   **b.** Valentin est divorcé. ❏

3. Philippe est un grand ami.

    a. Isabelle aime beaucoup Philippe. ❏   **b.** Isabelle aime bien Philippe. ❏

4. J'ai quitté mon mari.

    a. Margot était mariée. ❏   **b.** Margot aime son mari. ❏

5. Julien aime beaucoup Sabine.

    a. Julien est amoureux de Sabine. ❏   **b.** Sabine est une amie de Julien. ❏

6. Thibaut aime Agathe.

    a. Thibaut est amoureux d'Agathe. ❏   **b.** Agathe est une amie de Thibaut. ❏

7. Anne est la femme de ma vie.

    a. Christian aime bien Anne. ❏   **b.** Christian est très amoureux d'Anne. ❏

2 Associez les contraires.

1. Ils se marient.   **a.** Il rencontre son amie.

2. Elle est mariée.   **b.** Il vit seul.

3. Il quitte son amie.   **c.** Ils divorcent.

4. Il a une relation.   **d.** Elle est célibataire.

5. Il vit avec elle.   **e.** Il est libre.

3 Vrai ou faux ?

	VRAI	FAUX
1. Elle est libre = elle n'a pas de relation.	❏	❏
2. Elle veut un mariage civil = elle veut aller à l'église.	❏	❏
3. Michel aime beaucoup Claire = Michel est amoureux de Claire.	❏	❏
4. Ils vivent en couple = ils vivent ensemble.	❏	❏
5. Aude sort avec Quentin = Aude est mariée avec Quentin.	❏	❏
6. Jeannette rencontre Marius = Jeannette vit avec Marius.	❏	❏

4 Trouvez le nom correspondant.

1. se marier → _____   **4.** vivre → _____

2. aimer → _____   **5.** se séparer → _____

3. divorcer → _____   **6.** se disputer → _____

QUELQUES ÉMOTIONS

■ La joie

Brice est très **content de** sa nouvelle voiture ;
il **sourit**.

■ Le bonheur

Mathilde est très **heureuse avec** Gabriel.
Elle **rit** beaucoup avec lui, parce qu'il est drôle.

■ La tristesse

Colette **a perdu** son mari, son mari **est mort**.
Elle **a beaucoup de chagrin**. Elle est très
malheureuse. Elle **pleure** tout le temps.
Ses amis sont très **tristes** pour elle.

■ La colère

Nicolas a cassé un vase. Sa mère est **furieuse contre
lui**, elle **est en colère contre lui** : c'est la troisième fois qu'il casse un vase !

■ La peur

Aude **a fait peur à** Julien.
Julien **a eu très peur**.

■ La surprise

Fabrice est **surpris** (= **étonné**), parce que
Bertrand a téléphoné après trois ans
d'absence. C'était **une bonne surprise**
(≠ **une mauvaise surprise**).

■ L'ennui

C'est dimanche. Benoît **s'ennuie** : il **ne sait pas quoi faire**.
Il déteste les dimanches, il trouve que les dimanches sont **ennuyeux**
(≠ **intéressants**).

E X E R C I C E S

1 Associez une phrase et une émotion.

1. « Ça alors ! Tu as pu venir ! »

2. « Je ne sais pas quoi faire… »

3. « Regardez mon nouveau téléphone mobile ! »

4. « J'ai perdu ma femme dans un accident. »

5. « Ça suffit maintenant ! C'est la dixième fois que je te demande de m'aider ! »

a. la joie

b. la colère

c. le chagrin

d. l'ennui

e. la surprise

2 Replacez les mots suivants dans la lettre.

heureuse – content – peur – chagrin – ri – en colère – surprise

Ma chère Lucie,

Comme tu sais, j'ai organisé une grande fête pour mon anniversaire samedi dernier. Quelle soirée ! Tout d'abord, j'ai eu une bonne _____ : Estelle est venue ! J'étais très _____ de la voir ! Par contre, j'étais _____ _____ contre Etienne et sa femme, parce qu'ils ne sont pas venus. Laurent n'était pas là non plus, mais je comprends : il a beaucoup de _____ depuis qu'il a perdu son père.

Le gros chien d'Hélène m'a fait _____, mais la soirée s'est bien passée et nous avons beaucoup _____ ! Je pense que tout le monde était très _____ de la fête. Je te raconterai tout plus tard.

Je t'embrasse,
Irène

3 Choisissez la bonne réponse.

– Comment va Fabienne ?

1. Très bien ! Elle est très ⟨heureuse | furieuse⟩ , depuis qu'elle a ⟨divorcé | rencontré⟩ Maxime.

2. Ah bon ? Mais je pensais qu'elle avait une ⟨passion | relation⟩ avec Simon !

3. Non, Simon l'a ⟨quittée | mariée⟩ il y a six mois. Elle a été très ⟨triste | ennuyeuse⟩ , au début.

4. Quelle ⟨surprise | peur⟩ ! Simon et elle étaient très ⟨amoureux | contents⟩ , non ?

5. Oui, mais Simon était très ⟨étonné | jaloux⟩ , et Fabienne était ⟨malheureuse | seule⟩ avec lui.

– Et maintenant, comment ça va avec Maxime ?

6. Ah, c'est la ⟨bonheur | passion⟩ !

4

LE CARACTÈRE

LA PERSONNALITÉ EN GÉNÉRAL

- Clément **a bon caractère**, il est facile de communiquer avec lui.
Au contraire, Laurent **a mauvais caractère**, il est difficile de lui parler.
- Anne est très **sympathique** : tout le monde l'aime bien ; Raymond,
au contraire, est vraiment **antipathique** : tout le monde le déteste.
- Benjamin est **réservé** : il n'aime pas parler en public. **C'est quelqu'un
de timide.** Benoît, au contraire, parle beaucoup : il est **bavard**.
- Jean-Pierre est un homme **nerveux**, alors que Nicole est très **calme**.
- Colette est **optimiste**, elle voit le bon côté des choses, alors que Nadège
est quelqu'un de **pessimiste**.
- Sylvie est une enfant **sérieuse** : elle travaille bien à l'école.
- Michel **a le sens de l'humour**, il fait rire ses amis.

Remarque : À partir de l'adjectif « sympathique », on a créé « **sympa*** », qui, dans la langue familière, est utilisé pour une personne (*Michel est très sympa, Hugo n'est pas très sympa*), pour une situation (*C'est sympa de m'inviter !*) ou un lieu (*J'ai trouvé un petit restaurant très sympa*).

LES EXPRESSIONS EMPHATIQUES

Ces expressions sont imprécises, mais très courantes dans la langue orale et familière.

Il est **super*** ! Elle est **adorable** ! Il est **merveilleux** ! Elle est **extraordinaire** !
Elle est **chouette*** ! ≠ Cette fille est **horrible** !

Remarque : On n'utilise jamais les mots « très » ou « assez » avec ces expressions. On dit : « Elle est **vraiment** merveilleuse ! »

POUR NUANCER

- Il est **assez/plutôt** généreux. < Il est généreux. < Il est **très/vraiment** généreux.
- **C'est quelqu'un d'**assez généreux. < C'est quelqu'un de généreux.
< C'est quelqu'un de très généreux.

1 **Choisissez la bonne réponse.**

1. Est-ce qu'il est optimiste ?

    a. Oui, il voit le bon côté des choses. ❏

    b. Oui, il parle beaucoup. ❏

2. Est-ce qu'elle est calme ?

    a. Non, c'est quelqu'un de calme. ❏

    b. Non, c'est quelqu'un de nerveux. ❏

3. Est-ce qu'elle parle beaucoup ?

    a. Oui, elle est très bavarde. ❏

    b. Oui, elle a bon caractère. ❏

4. Est-ce qu'il est timide ?

    a. Oui, il n'aime pas parler. ❏

    b. Non, il est sérieux. ❏

5. Est-ce qu'elle est sympa ?

    a. Oui, c'est quelqu'un de sympa. ❏

    b. Non, elle est chouette. ❏

6. Est-ce qu'il a bon caractère ?

    a. Non, il a le sens de l'humour. ❏

    b. Non, il a mauvais caractère. ❏

2 **Éliminez l'intrus.**

1. caractère / personnalité / humour

2. timide / réservé / bavard

3. antipathique / chouette / sympa

4. merveilleux / horrible / extraordinaire

5. il est vraiment nerveux / il est assez nerveux / il est très nerveux

3 **Associez, pour constituer une phrase complète.**

1. Elle aime parler, elle est   **a.** antipathique.

2. Il voit le bon côté des choses, il est   **b.** réservée.

3. Il n'est pas calme, il est   **c.** sérieux.

4. Tout le monde la déteste, elle est   **d.** bavarde.

5. Tout le monde l'adore, il est   **e.** optimiste.

6. Il travaille bien, il est   **f.** très sympa.

7. Elle n'aime pas parler, elle est   **g.** nerveux.

4 **Replacez les mots suivants dans le dialogue.**

caractère – sérieux – optimiste – sympa – adorable – réservé – chouette

1. – Comment est Thierry ?

2. – Il est plutôt _____, il n'aime pas beaucoup parler.

3. – Est-ce qu'il est _____ ?

4. – Oui, il est très _____, mais un peu trop _____, il travaille tout le temps !

5. – Et Barbara ?

6. – Elle est vraiment _____ ! Elle a très bon _____ et elle voit toujours

     le bon côté des choses. C'est quelqu'un d' _____ .

LES QUALITÉS ET LES DÉFAUTS

• Qu'est-ce que vous pensez de Bernard Gendron ?

Les qualités de Bernard :

– C'est un homme **intelligent** et **travailleur**.

l'intelligence,

– Est-ce qu'il communique facilement avec les autres ?

– Oh oui, il est **chaleureux** et **sociable**.

la chaleur humaine, la sociabilité,

– Est-ce qu'il accepte les opinions des autres ?

– Oui, il est très **tolérant**. Il est aussi **patient**.

la tolérance, la patience,

– Vous pensez qu'il est **honnête** et **franc** ?

l'honnêteté, la franchise.

– Oui, il dit toujours la vérité.

• Et que pensez-vous de Raymond Lasalle ?

Les gros défauts de Raymond :

– Ah, c'est le contraire de Bernard !

Je le trouve plutôt **bête** et **paresseux**.

la bêtise, la paresse,

– Comment est-ce qu'il est avec les autres ?

– Assez **froid** et **intolérant**.

la froideur, l'intolérance,

– Vous le trouvez honnête ?

– Non, à vrai dire, je crois qu'il est assez **malhonnête**.

la malhonnêteté,

Beaucoup de gens le trouvent aussi **hypocrite**.

l'hypocrisie.

• Allez, parle-moi de Fabrice !

Que de qualités !

– Oh, il est **généreux**, tu ne peux pas imaginer !

la générosité,

Il me fait tout le temps des cadeaux !

– Alors, il est **gentil** ?

la gentillesse,

– Oui, il est **adorable**, et il est très **doux** avec les enfants.

la douceur,

C'est quelqu'un de très **sensible**, très **bon**.

la sensibilité, la bonté,

– Il est **cultivé**, n'est-ce pas ?

la culture,

– Oui, mais il reste très **modeste** sur ses succès.

la modestie.

• Fabrice est bien différent de Thibaut, alors !

Que de défauts !

– Oh oui, Thibaut est tellement **égoïste** !

l'égoïsme,

Il ne pense qu'à lui.

– Il est vraiment **méchant** ?

la méchanceté,

– En tout cas, il est **agressif**.

l'agressivité,

Et puis il est tellement **impatient** !

l'impatience,

– Au moins, il est intelligent !

– Oui, mais il est tellement **prétentieux** et **arrogant** !

la prétention, l'arrogance.

Il montre à tout le monde sa supériorité naturelle !

1 **Répondez par le contraire.**

1. Est-ce ce qu'elle est intelligente ? → Non, elle est _____

2. Est-ce qu'il est méchant ? → Non, il est _____

3. Est-ce qu'elle est chaleureuse ? → Non, elle est _____

4. Est-ce qu'il est modeste ? → Non, il est _____

5. Est-ce qu'elle est franche ? → Non, elle est _____

6. Est-ce qu'elle est paresseuse ? → Non, elle est _____

2 **Choisissez la bonne réponse.**

1. Il n'accepte pas les opinions des autres, il est | hypocrite | intolérant | froid | .

2. Elle fait beaucoup de cadeaux, elle est | sociable | douce | généreuse | .

3. Elle dit toujours la vérité, elle est | patiente | méchante | franche | .

4. Ils ne sont pas modestes, ils sont | impatients | intolérants | prétentieux | .

5. Cet animal n'est pas gentil, il est | bête | méchant | paresseux | .

6. Elle communique facilement, elle est | égoïste | honnête | sociable | .

3 **Trouvez le nom qui correspond aux adjectifs suivants.**

1. sensible → _____   **6.** franc → _____

2. sociable → _____   **7.** gentil → _____

3. bête → _____   **8.** agressif → _____

4. prétentieux → _____   **9.** hypocrite → _____

5. généreux → _____   **10.** honnête → _____

4 **Choisissez, parmi les qualités et les défauts suivants, celle ou celui qui décrit le mieux chaque situation.**

franchise – hypocrisie – égoïsme – froideur – culture – bêtise – générosité – modestie – impatience – sensibilité – paresse – intelligence

1. Il a eu le prix Nobel de médecine. _____

2. Elle n'a pas beaucoup d'argent, mais elle a offert un beau cadeau à ses parents. _____

3. Comme sa femme était en retard de deux minutes, il n'a pas attendu. _____

4. Elle connaît très bien la littérature, la musique, l'art… _____

5. Paul n'a rien dit à personne, mais il a réussi son examen brillamment. _____

6. Chloé est toujours gentille, mais elle ne dit jamais la vérité. _____

7. Didier ne veut jamais travailler. _____

LA COMMUNICATION

PARLER

• En général, les Français aiment **parler**. Frédéric, par exemple, parle **de** beaucoup de choses. Il parle **à** ses amis. Il **a une** grande **conversation** avec ses amis.

• Agnès et Charlotte n'arrêtent jamais de parler, elles sont **bavardes**.

• Tous les soirs, je **raconte une histoire à** ma fille ; elle aime **écouter** des histoires.

• Le petit Vincent **pose** toujours **des questions à** ses parents. Par exemple, il **demande à** ses parents pourquoi le ciel est bleu. Les parents **répondent aux** questions, ils répondent **à** leur enfant ; ils **expliquent** pourquoi le ciel est bleu ! Comme Vincent est intelligent, il **comprend les explications** des parents.

• Julie **dit** à ses parents **qu'**elle est allée au cours de judo, mais en réalité elle est allée chez une amie. Julie **ment** à ses parents : elle **fait un mensonge**. Pourtant, en général, Julie **dit la vérité**, elle n'est pas **menteuse**.

LES LANGUES

• Le français est difficile à **prononcer** : **la prononciation** du français est difficile. Pawel, mon ami polonais, parle très bien français, mais avec **un** petit **accent** polonais.

• Qu'est-ce que ça **veut dire**, « mentir » ? Qu'est-ce que ça **signifie** ?
– Ça veut dire : ne pas dire la vérité.
– Ah bon, je ne connaissais pas **la signification** (= **le sens**) de **ce mot**.

• Comment est-ce qu'on **traduit** « mentir » en anglais ? Quelle est **la traduction** de ce mot en anglais ?

• Quand on ne comprend pas bien **une phrase**, on peut dire :
*« Pardon ? Qu'est-ce que vous **dites** ? Excusez-moi, je n'**ai** pas bien **entendu**. Est-ce que vous pouvez **répéter**, s'il vous plaît ? »*

1   **Choisissez la bonne réponse.**

1. Elle | fait | pose | une question à son ami.

2. Il | fait | a | un mensonge.

3. Je | réponds | demande | à une question.

4. Nous | faisons | avons | une conversation intéressante.

5. Qu'est-ce que ça | va | veut | dire ?

2   **Replacez les mots suivants dans la lettre.**

posent – répondre – parlent – signification – prononciation – traduis – explique – demandent

> Chère Bénédicte,
> Je suis très contente de mon travail de professeur de français. Toute
> la journée, j'_____ à mes élèves la grammaire
> française. Ils _____ déjà bien, mais ils ont parfois des
> difficultés de _____ . Ils me _____
> beaucoup de questions. Ils me _____ le sens d'un
> mot, d'une phrase. Quelquefois, quand ils ne comprennent pas
> la _____ , je _____ un mot français
> dans leur langue. J'aime bien _____ à leurs
> questions. J'adore mon travail ! Je t'embrasse !
> Virginie

3   **Complétez par les mots suivants.**

traduction – mensonges – parle – veut – répondre – accent – demandé – pose – dit – signification

1. – Est-ce qu'il dit toujours la vérité ?

– Oh non, souvent il fait des _____

2. – Est-ce que tu as _____ l'heure du train ?

– Oui, un monsieur m'a _____ que le train arrivait à 18 h 55.

3. – Est-ce que cet enfant _____ beaucoup de questions ?

– Oui, et il est difficile de _____ à toutes ses questions !

4. – Qu'est-ce que tu cherches dans le dictionnaire français-allemand ?

– Je cherche la _____ d'un mot allemand en français.

5. – Est-ce que tu connais la _____ du verbe « demander » ?

– Oui, ça _____ dire « poser une question ».

6. – Est-ce que Antonio _____ bien le français ?

– Oui, très bien, mais avec un fort _____ italien.

DONNER SON OPINION

■ La discussion

Quand les gens ne **sont** pas **d'accord** (= quand ils ont des **opinions** différentes), ils **discutent** : ils ont des **discussions sur un sujet**.

* **Qu'est-ce que vous pensez** de cette idée ?
– Je **crois que** c'est une bonne idée.
– Moi aussi, je **suis d'accord**, j'**ai l'impression** que c'est une bonne idée.
ou, au contraire : – Non, je **ne suis pas d'accord**. Je **trouve que** c'est une mauvaise idée.
– Vraiment ? Vous êtes **sûr** ?
– Oui, je suis **certain** !

* Le train part samedi à 10 h 35.
– **C'est vrai, vous avez raison.** Il part à 10 h 35.
ou, au contraire : – **Mais non, ce n'est pas ça !** Il part à 11 h 35 !

PROPOSER, ACCEPTER OU REFUSER

* Tu **veux** un café ?
– Oui, **avec plaisir** ! Oui, **je veux bien** !
ou, au contraire : – **Non merci, c'est gentil !**

Remarque : « Merci », avec un geste négatif de la main ou de la tête, signifie « non merci ».

* Isabelle **invite** ses amis à dîner. Elle **propose de** dîner ensemble :

ISABELLE : – Vous **voulez** venir dîner samedi ?
AUDE : – Oui, **volontiers. Ça me ferait très plaisir !**
ÉMILIE ET QUENTIN : – Non, **c'est dommage**, nous sommes déjà invités, samedi !

* Aude **accepte la proposition**, mais Émilie et Quentin **refusent l'invitation**.

* Vous êtes **libres**, dimanche soir ?
– Oui, nous sommes libres.
ou, au contraire : – Non, nous sommes **désolés**, nous sommes **pris**, dimanche soir.

* Tu préfères aller au cinéma ou au théâtre ?
– **Comme tu veux, ça m'est égal** (= je n'ai pas de préférence).

1 **Choisissez deux réponses appropriées.**

1. Tu veux un jus d'orange ?

    a. Oui, avec plaisir ! ❏

    b. Ça m'est égal. ❏

    c. Non merci. ❏

2. Le musée est fermé le dimanche.

    a. Oui, c'est vrai. ❏

    b. Non, ce n'est pas ça ! ❏

    c. Non, je suis désolé. ❏

3. Vous voulez venir au théâtre ?

    a. Oui, vous avez raison ! ❏

    b. Oui, avec plaisir ! ❏

    c. Oui, volontiers ! ❏

4. Qu'est-ce que tu penses de ce livre ?

    a. Je crois que c'est un bon livre. ❏

    b. Je veux bien. ❏

    c. Je trouve que c'est un bon livre. ❏

5. Ce film est excellent !

    a. Non, je ne suis pas d'accord. ❏

    b. Non, ça m'est égal. ❏

    c. Oui, tu as raison. ❏

6. Tu veux aller au cinéma, demain soir ?

    a. Oui, c'est dommage ! ❏

    b. Oui, ça me ferait plaisir ! ❏

    c. Non, je suis pris, demain soir. ❏

2 **Que font ces personnes ? Associez.**

1. « Je suis désolé, je suis pris. »

2. « Est-ce que tu veux venir chez moi ? »

3. « Oui, c'est vrai, je suis d'accord avec toi. »

4. « Qu'est-ce que tu penses de ça ? »

5. « Je trouve que c'est facile. »

a. Elle demande une opinion.

b. Il donne son opinion.

c. Il refuse l'invitation.

d. Il est d'accord.

e. Elle invite une amie.

3 **Vrai ou faux ?**

	VRAI	FAUX
1. Je ne suis pas d'accord avec toi. = J'ai une opinion différente.	❏	❏
2. Il est désolé. = Il veut bien.	❏	❏
3. Elle est certaine. = Elle a raison.	❏	❏
4. Il est pris. = Il n'est pas libre.	❏	❏
5. Je crois que c'est bien. = Je trouve que c'est bien.	❏	❏
6. Ça m'est égal. = Ça me ferait plaisir.	❏	❏

4 **Éliminez l'intrus.**

1. Je crois que… / Je trouve que / Je veux bien

2. Il a l'impression / Il est sûr / Il est certain

3. Avec plaisir / C'est dommage / Volontiers

4. C'est vrai / Ce n'est pas ça / Tu as raison

5. Ça m'est égal / Comme vous voulez / Je suis désolé

AU TÉLÉPHONE

• Allô, bonjour, **je voudrais parler à** Michel, s'il vous plaît.
– **Ne quittez pas, je vous le passe.** Michel, c'est pour toi!

• Allô, bonjour, **c'est** Cécile **à l'appareil. Est-ce que je pourrais parler à** Sarah, s'il vous plaît?
– Ah! je suis désolé, Sarah **n'est pas là.** Elle est difficile à **joindre** (= **contacter**), en ce moment. **Est-ce que je peux prendre un message?**
– Oui, est-ce que vous pouvez demander à Sarah de m'**appeler** ce soir, s'il vous plaît?
– Très bien, je lui dirai. Est-ce qu'elle a **votre numéro?**
– Peut-être pas. **C'est le** 01 45 87 44 00.

• Société Galaxie, bonjour.
– Bonjour madame, je voudrais parler à Christine Leduc, s'il vous plaît.
– Oui monsieur, **c'est de la part de qui?**
– Yves Lamartine.
– **Un instant**, je vous la passe.
(quelques secondes plus tard)
– Je suis désolée, Mme Leduc **est en ligne. Vous patientez?**
– Non merci, **je rappellerai plus tard**. Au revoir, madame.

• Allô, Jérôme?
– Ah non, je ne suis pas Jérôme. **Vous avez fait erreur!**
– Oh, excusez-moi!

AU RÉPONDEUR

• « Bonjour, **vous êtes bien au** 01 45 87 44 00. Nous sommes absents pour le moment, mais **laissez-nous un message** et **vos coordonnées** après le signal sonore. Nous vous rappellerons dès que possible. Merci, à bientôt. »

BONJOUR, VOUS ÊTES BIEN AU...,

• « Bonjour, je voudrais laisser un message **à Mme Chaviers.** Je suis Thierry Dupré, le nouveau directeur de la banque. **Pouvez-vous me rappeler au** 01 45 87 44 00? Merci. À bientôt. »

Remarque : « **Les coordonnées** » sont le nom, le numéro de téléphone, le numéro de téléphone mobile, l'adresse, etc.

E X E R C I C E S

1   **Remettez les dialogues dans l'ordre.**

1. a. – Benoît Moreau.

   b. – Bonjour, monsieur, je voudrais parler à Raphaël Letellier, s'il vous plaît.

   c. – Ne quittez pas, je vous le passe.

   d. – Oui, c'est de la part de qui ?   1. _____   2. _____   3. _____   4. _____

2. a. – Bonjour, c'est Bertrand, à l'appareil. Est-ce que Gilles est là ?

   b. – Non merci, je le rappellerai plus tard. Au revoir !

   c. – Non, il n'est pas là. Est-ce que je peux prendre un message ?   1. _____   2. _____   3. _____

2   **Replacez les mots suivants dans les phrases.**

   patientez – quittez – en ligne – à l'appareil – part – coordonnées

1. Bonjour, c'est Sandrine, _____ .

2. Est-ce que Barbara a vos _____ ?

3. Ne _____ pas !

4. Patricia Legrand est _____ . Vous _____ ?

5. C'est de la _____ de qui ?

3   **Choisissez les verbes possibles.**

1. Elle | accepte | propose | refuse | dit | une invitation.

2. Je | pose | réponds à | fais | demande | une question.

3. Elle | explique | raconte | ment | invite | discute | dit | quelque chose à sa mère.

4. Il | dit | rappelle | laisse | fait | prend | un message.

5. Il | pense | laisse | parle | croit | dit | discute | trouve | que c'est difficile.

4   **Choisissez le mot correct.**

Mon cher Sébastien, J'ai essayé de te _____ par	*joindre – répondre*
téléphone, mais tu n'es jamais là ! Je voudrais te _____ d'aller au	*dire – proposer*
concert, dimanche prochain. J'ai _____ Fabrice et Delphine,	*demandé – invité*
mais ils sont déjà _____ . Est- ce que tu _____ que Thomas est	*libres – pris*
_____ ? J'ai _____ un	*crois – demandes*
message sur son _____ , mais il	*libre – d'accord / laissé – fait*
n'a pas encore _____ .	*téléphone – répondeur* *répondu – dit*

6 LE CORPS – LES MOUVEMENTS

LE CORPS HUMAIN

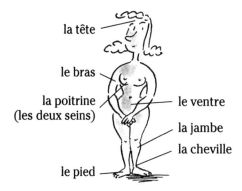

la tête

le bras

la poitrine
(les deux seins)

le ventre

la jambe

la cheville

le pied

le dos

les fesses

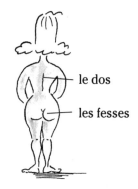

le doigt
et l'ongle

la main

Remarque : Pour la plupart des animaux, on ne parle pas de « bras » ni de « jambe », mais de « **patte** » : *Un chien a quatre pattes.*

LA TÊTE

les cheveux

l'œil, les yeux

le nez

l'oreille

la bouche

la dent

QUELQUES PARTIES DU CORPS

la peau

les muscles

le sang

l'estomac

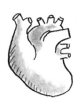

le cœur

1 **Complétez le tableau suivant.**

*le pied – la bouche – la dent – le dos – le bras – l'œil – le ventre – l'oreille – la main – le nez –
le sein – les cheveux*

Parties du corps		Parties de la tête	
_____	_____	_____	_____
_____	_____	_____	_____
_____	_____	_____	_____

2 **Associez une partie du corps et une action.**

1. les yeux   **a.** marcher

2. l'oreille   **b.** prendre

3. la dent   **c.** voir

4. le nez   **d.** écouter

5. la jambe   **e.** sentir

6. la main   **f.** manger

3 **Complétez.**

4 **Vrai ou faux ?**

	VRAI	FAUX
1. Nous avons deux yeux.	❑	❑
2. Il y a dix doigts à une main.	❑	❑
3. Nous avons deux mains et deux bras.	❑	❑
4. L'estomac est à l'extérieur du corps.	❑	❑
5. Les dents sont dans la bouche.	❑	❑
6. Les cheveux sont sur les bras.	❑	❑

LE MOUVEMENT → LA POSTURE

- **s'asseoir**
- *– Asseyez-vous ! Assieds-toi !*
- *– D'accord, je m'assieds sur une chaise.*

→ **être assis**
– Je suis assis sur une chaise.

- **se lever**
- *– Levez-vous ! Lève-toi !*
- *– D'accord, je me lève.*

→ **être debout**
– Je suis debout.

QUELQUES ACTIVITÉS

Bastien **tient** un ballon dans les mains, puis il **lance** le ballon.

Manon **court** et **attrape** le ballon, mais après, elle **tombe**.

Maxime **porte** un sac très lourd.

Mathilde **pose** (= **met**) le livre sur la table ; Julien **enlève** le livre de la table.

Joël **marche** dans la rue ; il **entre dans** le magasin.

Joël **sort du** magasin.

Louis **apporte** du champagne.

Nadège **emmène** les enfants au cinéma.

« Glaces **à emporter** »

Remarque : On « emmène » une personne, mais on « emporte » quelque chose.

1 Complétez le tableau suivant.

Asseyez-vous ! – Elle est debout dans la rue. – Il se lève. – Ils sont assis à une terrasse de café. – Levez-vous ! – Assieds-toi ! – Il s'assied à côté de moi. – Il est assis à table.

Mouvement	Posture
_____	_____
_____	_____
_____	_____
_____	_____
_____	_____

2 Associez les contraires.

1. lancer   **a.** s'asseoir

2. entrer   **b.** enlever

3. être debout   **c.** sortir

4. se lever   **d.** être assis

5. mettre   **e.** attraper

3 Complétez par les mots suivants.

emmène – pose – lance – apporte – sort – enlève – entre

1. Adeline _____ une bouteille de vin sur la table.

2. Sandrine _____ dans le magasin pour acheter un stylo.

3. Simon _____ du bureau à 18 h.

4. Michel _____ ses enfants au cinéma.

5. Louis _____ le livre de la table.

6. Étienne _____ un ballon à la petite fille.

7. Bertrand _____ du chocolat à ses amis.

4 Choisissez la ou les bonnes réponses. Quelle(s) partie(s) du corps utilise-t-on quand…

1. On court ? | les jambes | les bras | les pieds |

2. On tient quelque chose ? | les mains | les yeux | les doigts |

3. On marche ? | les pieds | les oreilles | la poitrine |

4. On est assis ? | les cheveux | les fesses | les bras |

5. On est debout ? | le ventre | les jambes | les pieds |

7

LA SANTÉ

COMMENT ALLEZ-VOUS ?

■ Ça va bien !

• Je **vais bien** ! Je **suis en bonne santé.** J'ai passé une semaine de vacances à la montagne, et maintenant, je **suis en forme.**

■ Ça va mal !

• **Qu'est-ce que vous avez ?**
– Je suis très **fatigué(e)** = je suis **crevé(e)*** : je dois **me reposer.**
– Je suis **malade**, je suis **en mauvaise santé**, je dois **aller chez le médecin.** J'espère que ce n'est pas **grave** ! J'espère que je n'ai pas de **maladie** grave.

• Patricia **a un rhume**, elle **est enrhumée** : elle **a mal à la gorge** (elle a la gorge rouge), et elle **tousse.** Renaud **a la grippe**, il **a mal à la tête**, il **a de la fièvre** (il **a 39° de fièvre**).

• Serge **a mal aux dents**, il doit **aller chez le dentiste.**

Remarques : **1.** Notez bien l'expression très commode : **avoir mal à** + nom féminin ; **avoir mal au** + nom masculin.
2. Le mot « médecin » est masculin : « *Pauline est médecin.* ».

■ Les handicaps

• Adèle **a une mauvaise** (≠ **bonne**) **vue** ; elle porte **des lunettes** ou **des lentilles de contact.** Simon ne voit rien, il est **aveugle.**
• Léon **entend très mal**, il est **sourd.** René ne peut pas parler, il est **muet.**
• Damien est **handicapé**, il est **dans un fauteuil roulant.**

ÇA VA MIEUX !

• **Ça va mieux ?**
– Oui, ça va mieux !
Le docteur Darmont **a soigné** Renaud. Renaud a acheté **des médicaments** et **a suivi un traitement.** Maintenant, Renaud va bien, il est **guéri.**

Remarque littéraire : Il existe plusieurs pièces de théâtre sur les malades et la médecine ; connaissez-vous la comédie de Molière *Le Malade imaginaire* (1673) ou celle de Jules Romains *Knock* (1923) ?

E X E R C I C E S

1 Répondez par le contraire.

1. – Est-ce qu'elle est en forme ?

– Non, au contraire, elle _____

2. – Est-ce que vous allez bien ?

– Non, je _____

3. – Est-ce qu'il a une bonne vue ?

– Non, il _____

4. – Est-ce qu'il entend bien ?

– Non, au contraire, il _____

5. – Est-ce qu'il est toujours malade ?

– Non, c'est fini, il _____

2 Qu'est-ce que ces personnes doivent faire ? Associez.

1. Maryse a une mauvaise vue.   **a.** acheter un fauteuil roulant

2. Gilles est crevé.   **b.** aller chez le dentiste

3. Denis est malade.   **c.** porter des lunettes

4. Luc est handicapé.   **d.** se reposer

5. Denise a mal aux dents.   **e.** aller chez le médecin

3 Éliminez l'intrus.

1. muet / sourd / guéri   **4.** fièvre / vue / grippe

2. crevé / handicapé / fatigué   **5.** fauteuil roulant / lunettes / lentilles

3. médecin / traitement / médicament   **6.** médecin / médicament / dentiste

4 Replacez les mots suivants dans le dialogue.

mal – médicaments – as – traitement – rhume – aller – médecin – tête – malade

1. – Bonjour, Guillaume, ça va ?

2. – Non, ça ne va pas. Je suis _____ .

3. – Qu'est-ce que tu _____ ?

4. – J'ai un gros _____ . J'ai _____ à la gorge et mal à la

_____ .

5. – Tu es allé chez le _____ ?

6. – Oui, il m'a donné un _____ .

7. – Tu as pris des _____ ?

8. – Oui, et je commence à _____ mieux.

UN ACCIDENT

• Il y a eu **un grave accident** sur l'autoroute :
il y a **un mort** (†) et deux **blessés**.
Une ambulance a transporté
les blessés **à l'hôpital, au service
des urgences. Le chirurgien** est
vite arrivé pour **opérer
les patients**, pour faire **une
opération**.

• Matthieu a eu un accident de ski : il **s'est cassé la jambe**.

ATTENDRE UN BÉBÉ

Fabienne est **enceinte**, elle **attend un enfant**. Elle va **accoucher** dans
une clinique. **L'accouchement** est prévu le 27 mars.

À LA PHARMACIE

• Bonjour madame, je suis enrhumé. Qu'est-ce que vous me conseillez ?
– Vous avez de la fièvre ?
– Non, je ne pense pas.
– Vous pouvez **prendre un médicament contre** le rhume. **Prenez** trois
comprimés par jour. Je vous conseille aussi de **prendre de la vitamine C**.
– J'ai mal à la gorge, aussi.
– Alors, prenez **des pastilles contre** le mal de gorge.

Remarque économique et culturelle : Les Français sont les plus gros consommateurs
de médicaments d'Europe !

À la pharmacie, on achète aussi :

un comprimé
d'aspirine

 un pansement

 de l'alcool à 90°

 un préservatif

du coton

1   **Replacez les mots suivants dans le dialogue.**

ambulance – hôpital – accident – chirurgien – morts – blessés (2 fois)

1. – Vous avez vu l'_____ ?

2. – Oui, j'ai tout vu. L'_____ est arrivée tout de suite.

3. – Est-ce qu'il y a des _____ ?

4. – Je crois qu'il y a quatre _____ , mais heureusement pas de _____ .

5. – Est-ce qu'il y a un _____ , près d'ici ?

6. – Oui, à quelques kilomètres ; et il y a un très bon _____ .

2   **Éliminez l'intrus.**

1. chirurgien / opération / accident

2. enceinte / enrhumée / malade

3. pastille / pansement / comprimé

4. hôpital / clinique / pharmacie

5. médicament / médecin / chirurgien

6. fièvre / grippe / pastilles

3   **Choisissez les termes possibles.**

1. Paul est | blessé | rhume | malade | enrhumé | enceinte | .

2. Sébastien a | mal à la gorge | blessé | la grippe | enrhumé | de la fièvre | .

3. Alice est | en forme | en bonne santé | accouchement | un traitement | .

4. Odile va | bien | guérie | chez le médecin | mal | mieux | .

5. Viviane prend | un médicament | des pastilles | un médecin | des lunettes | des vitamines | .

6. Serge a | en bonne santé | une bonne vue | en forme | un rhume | une maladie grave | .

4   **Vrai ou faux ?**

	VRAI	FAUX
1. Il est enrhumé = il a un rhume.	❏	❏
2. Elle est sourde = elle voit mal.	❏	❏
3. Elle est enceinte = elle attend un bébé.	❏	❏
4. Ils sont blessés = ils ont eu un accident de voiture.	❏	❏
5. Elle est crevée = elle est morte.	❏	❏
6. Il prend un médicament = il va chez le médecin.	❏	❏

8

LA DESCRIPTION PHYSIQUE

L'APPARENCE

• Vincent est **grand** mais Sylvain est **petit**.

• Roseline est **un peu ronde**, elle **se trouve trop grosse**. Elle **a pris** quatre **kilos**, elle **a grossi de** quatre kilos. Elle voudrait **perdre du poids**, perdre ses kilos, **maigrir**. Elle voudrait être aussi **mince** qu'Irène. Roseline **fait un régime**, elle ne mange pas de gâteaux ni de chocolat.

• Nicolas **ressemble beaucoup à** son père.

• Michel est **beau**, c'est **un bel homme** ; Claire est **belle**, c'est **une belle femme**. Au contraire, Adeline n'est vraiment pas **jolie**, elle est même **laide**.

Remarque : L'adjectif « joli » s'utilise seulement pour parler d'une femme... ou d'un objet !

LA TAILLE

• **Combien est-ce qu'il mesure ?**
– Bertrand est très grand, il mesure 1 m 90.
– Et Jean, il est grand ? Il **mesure combien** ?
– Il est petit, il mesure 1 m 60.

L'ÂGE

• **Quel âge ont** vos parents ?
– Mon père a 82 ans, c'est **un vieux monsieur**, mais il **fait plus jeune que son âge**. Ma mère a 78 ans, c'est une **vieille dame**.
– Et vous, quel âge avez-vous ?
– J'ai 41 ans.
– Alors, vous êtes **une jeune femme** !

1 **Répondez par le contraire.**

1. Denis est grand ? → Non, il est _____

2. Joël est beau ? → Non, il est _____

3. Viviane est mince ? → Non, elle est _____

4. Quentin a grossi ? → Non, il a _____

5. Delphine est vieille ? → Non, elle est _____

2 **Choisissez la meilleure explication.**

1. Charlotte est laide.

   a. Elle n'est pas jeune. ❑

   b. Elle n'est pas belle. ❑

2. Il mesure 1 m 85.

   a. Il est grand. ❑

   b. Il est gros. ❑

3. Elle a 87 ans.

   a. C'est une vieille dame. ❑

   b. C'est une jeune femme. ❑

4. Elle fait un régime.

   a. Parce qu'elle est trop grande. ❑

   b. Parce qu'elle est trop grosse. ❑

5. Il a perdu du poids.

   a. Il a pris des kilos. ❑

   b. Il a maigri. ❑

6. Il est mince.

   a. Il n'est pas gros. ❑

   b. Il est petit. ❑

3 **Associez, pour constituer une phrase complète.**

1. Anne a 38 ans, c'est   **a.** vieux monsieur.

2. Benoît mesure 1 m 65, il est   **b.** belle.

3. Marine fait   **c.** homme.

4. Louis a 80 ans, c'est un   **d.** une jeune femme.

5. Guillaume ne ressemble pas   **e.** petit.

6. Irène est très   **f.** un régime.

7. Christian est un bel   **g.** à son père.

4 **Complétez.**

1. – _____ est-ce qu'il _____ ?

  – Il _____ 1 m 78.

2. – Quel _____ a Juliette ?

  – Elle _____ 22 ans.

3. J'ai _____ 3 kilos. Maintenant, je dois _____ un régime.

4. Christine mange beaucoup, mais elle ne _____ pas : elle reste _____ .

5. Anne _____ beaucoup à sa mère.

6. Serge n'est pas beau du tout, il est _____ .

LE VISAGE

■ Les yeux

(Il / Elle) **a les yeux noirs, bleus, gris, verts, marron**…
Elle a de grands yeux noirs ; il a de beaux yeux verts.

■ Les cheveux

(Il / Elle) **a les cheveux blonds, châtains, bruns, roux, noirs, gris, blancs**…

Elle a les cheveux
longs et **frisés**

mi-longs
avec une frange

courts et **raides**

Remarque grammaticale : Notez bien la structure « avoir **les** cheveux blonds », « avoir **les** yeux noirs » et non « ~~ses cheveux sont blonds~~ », « ~~ses yeux sont noirs~~ ».

■ Le visage

Elle n'est pas très **jolie**,
mais elle **a du charme**.

Il **a un grand nez**
et **une petite bouche**.

Il **a des lunettes**,
une moustache
et **une barbe**.

Remarque littéraire : Connaissez-vous le personnage de Cyrano de Bergerac (pièce de théâtre d'Edmond Rostand, 1897) ? Il est très laid, il a un nez immense… mais il a beaucoup de charme et d'intelligence.

IL EST COMMENT ? ELLE EST COMMENT ?

• Il est **beau**, il est **brun** (= il a les cheveux bruns) et il a les yeux verts :
c'est un beau brun aux yeux verts.

• Elle est **belle**, elle est **blonde** (= elle a les cheveux blonds) et elle a les yeux bleus : **c'est une belle blonde aux yeux bleus**.

• Elle est **rousse**, elle a les yeux gris : c'est **une rousse aux yeux gris**.
Elle est petite et blonde : c'est **une petite blonde**.
Elle est grande et brune : c'est **une grande brune**.

1   **Transformez.**

1. Elle est grande et blonde, elle a les yeux gris. → C'est une _____

2. Il est petit et brun. → C'est un _____

3. Elle est belle et rousse, elle a les yeux verts. → C'est une _____

4. Il est beau et blond, il a les yeux bleus. → C'est un _____

5. Il est petit et roux. → C'est un _____

6. Il est grand et brun. → C'est un _____

2   **Choisissez la réponse correcte.**

1. Elle a les yeux | marron | châtains | .

2. Il a les cheveux très | petits | courts | .

3. Elle a de beaux | yeux | cheveux | verts.

4. Elle a les cheveux | grands | longs | .

5. Il a les yeux | frisés | gris | .

3   **Éliminez l'intrus.**

1. verts / bleus / roux

2. frisés / jolis / raides

3. grands / châtains / mi-longs

4. moustache / yeux / barbe

5. courts / longs / petits

6. lunettes / frange / cheveux

4   **À vous !**

1. Comment êtes-vous ? _____

_____

_____

_____

_____

2. Comment est votre meilleur(e) ami(e) ? _____

_____

_____

_____

_____

9 — LES VÊTEMENTS – LA MODE

On peut être **habillé** ou, au contraire, **nu**. L'ensemble des vêtements qu'on porte est **une tenue**.

QUELQUES VÊTEMENTS

Blandine aime **coudre**, alors elle achète du **tissu** pour **faire des vêtements**. Elle aime faire des vêtements **à la mode** (≠ **démodés**).

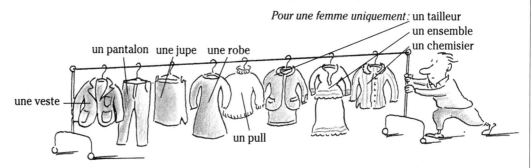

Pour une femme uniquement : un tailleur / un ensemble / un chemisier

un pantalon   une jupe   une robe

une veste

un pull

Pour un homme uniquement : un costume

une chemise

un manteau

un pyjama

un bouton

un imperméable   un anorak   un blouson   un maillot de bain

Remarque : On utilise en français des mots d'origine anglo-américaine, comme « **un short** », « **un T-shirt** », « **un jean** », « **un jogging** ».

LES SOUS-VÊTEMENTS

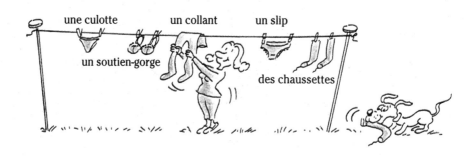

une culotte   un collant   un slip

un soutien-gorge

des chaussettes

1 Trouvez 11 noms de vêtements (6 horizontalement et 5 verticalement).

```
O  J  O  D  E  R  E  D  I  O  O  P  L  A
H  U  E  A  N  O  R  A  K  I  M  M  I  N
F  P  L  E  S  I  O  F  U  D  B  X  A  C
V  E  S  T  E  E  B  L  A  G  M  N  E  H
P  S  C  I  M  P  E  R  M  E  A  B  L  E
Q  N  I  U  B  L  O  U  S  O  N  E  L  M
A  P  U  L  L  N  I  L  K  M  T  C  J  I
S  O  V  E  E  B  L  I  A  G  E  W  E  S
Y  P  A  N  T  A  L  O  N  A  A  Q  I  E
P  H  H  T  E  O  K  D  I  E  U  I  T  E
```

2 Éliminez l'intrus.

1. costume / jupe / chemisier

2. pantalon / short / jean

3. jupe / blouson / veste

4. collant / chaussettes / chemise

5. manteau / pyjama / imperméable

6. maillot de bain / chemise / costume

7. ensemble / costume / anorak

3 Choisissez la bonne réponse.

1. Elle a | un tailleur | un costume | .

2. Il met | une culotte | un slip | .

3. Cette tenue est | nue | à la mode | .

4. Il met | une veste | un imperméable | sur son costume.

5. La chemise est un | vêtement | sous-vêtement | .

4 Que pensez-vous des tenues suivantes ?
Est-ce qu'elles sont, pour vous, normales ou étranges ?

	NORMALE	ÉTRANGE
1. un costume et une chemise blanche	❑	❑
2. une robe et un pyjama	❑	❑
3. un maillot de bain et des chaussettes	❑	❑
4. une jupe et un pull	❑	❑
5. un pyjama et un blouson	❑	❑
6. un anorak et un pantalon	❑	❑
7. un tailleur et un chemisier	❑	❑
8. une veste et un blouson	❑	❑

LES CHAUSSURES

des chaussures **à talons hauts**   des chaussures **à talons plats**   des bottes

QUELQUES ACCESSOIRES

une ceinture   une écharpe **en soie**   des gants **en laine**   un parapluie   des lunettes de soleil

un sac à main **en cuir**   un chapeau   un mouchoir **en coton**   une cravate

Remarque culturelle : Les Françaises, et surtout les Parisiennes, portent très souvent une jolie écharpe, même à la maison ou au bureau.

LES BIJOUX

Les bijoux peuvent être **en or**, **en argent**, **en diamant**… ou **en plastique** !

un collier   un bracelet   une broche   une bague   une chaîne   une montre   une boucle d'oreille

COMMENT TU T'HABILLES ?

- Le matin, je **m'habille** : je **mets** mes vêtements. Le soir, je **me déshabille**, j'**enlève** mes vêtements.
- Aujourd'hui, Aude **est en** pantalon. Ce soir, elle va au théâtre, alors elle **se change** (= elle change de vêtements). Elle ne **reste** pas **en** pantalon, elle met une jupe **habillée** (= **chic***).
- **Comment** est-ce qu'Aude **était habillée** ?
– Elle était **élégante**, très **chic*** comme d'habitude. Elle **avait** une **jolie** jupe noire et **un haut** bleu clair. Aude est toujours **bien** (≠ **mal**) **habillée**.

Remarque : Le mot « chic* » est utilisé à propos d'une personne ou d'un vêtement.

1 Associez un vêtement et un accessoire.

1. un maillot de bain
2. un pantalon
3. une chemise
4. un anorak
5. un imperméable
6. un manteau

a. une écharpe
b. des gants en laine
c. un parapluie
d. des lunettes de soleil
e. une ceinture
f. une cravate

2 Répondez par le contraire des mots soulignés.

1. Est-ce que ce vêtement est <u>à la mode</u> ?
→ Non, il _____

2. Est-ce que <u>tu t'habilles</u> ?
→ Non, je _____

3. Est-ce qu'il est <u>bien</u> habillé ?
→ Non, il _____

4. Est-ce que tu <u>restes en jean</u> ?
→ Non, je _____

5. Est-ce qu'elle <u>met</u> son écharpe ?
→ Non, elle _____

3 Replacez les mots suivants dans le dialogue.

bague – mettre – boucles – soie – bijoux – haut – écharpe – broche – bracelet – chaussures – talons – habiller

1. – Alors, comment est-ce que tu vas t' _____ pour ta soirée ?

2. – Je ne sais pas encore. Je crois que je vais _____ une jupe noire et un
_____ vert.

3. – Et quelles _____ ?

4. – Des chaussures à _____ hauts.

5. – Est-ce que tu vas mettre des _____ ?

6. – Oui, mais j'hésite. Ou bien des _____ d'oreilles et un _____,
ou bien une _____ et une _____ en or.

7. – Pourquoi pas une _____ ?

8. – Ah oui, c'est une bonne idée ! J'ai une très belle écharpe verte, en _____. Ce sera parfait !

4 Choisissez les termes possibles.

1. Une écharpe en | laine | cuir | soie | or |

2. Un sac à main en | coton | plastique | cuir | soie |

3. Une bague en | or | cuir | laine | argent | diamant |

4. Des gants en | argent | cuir | laine | soie |

5. Une veste en | diamant | cuir | laine | plastique | coton |

ACHETER UN VÊTEMENT

• Bonjour, madame, est-ce que **je peux vous renseigner** ?

– Oui, je voudrais **essayer** la jupe verte qui est **dans la vitrine**.

– Oui, madame. **Quelle taille faites-vous** ?

– Je **fais du** 42.

– Voilà, madame. **La cabine** est au fond, à droite.

Quelques minutes après.

– Alors, **ça va ? Ça vous plaît** ?

– Oui, la couleur me plaît, mais **c'est un peu grand**.

– Est-ce que vous voulez essayer **le même modèle en** 40 ?

– Oui, s'il vous plaît.

Quelques minutes plus tard.

– Alors, **ça va, la taille** ?

– Oui et la couleur **me va bien**, mais **la forme ne me va pas**.

ACHETER DES CHAUSSURES

• Monsieur, **vous désirez** ?

– Je voudrais essayer les chaussures noires, qui sont dans la vitrine.

– Oui, monsieur, **vous faites quelle pointure** ?

– Je **fais du** 41.

– Je suis désolée, monsieur, je n'ai plus **ce modèle dans votre pointure**.

– **Qu'est-ce que vous avez dans ma pointure** ?

– J'ai un autre modèle, **en** noir. Vous voulez essayer ?

Quelques minutes plus tard.

– Alors, ça va ?

– Non, pas vraiment, c'est **trop petit**. Est-ce que vous avez **le même modèle, en** 42 ?

1   **Qui parle ? La vendeuse ou la cliente ?**

	VENDEUSE	CLIENTE
1. « Ça vous plaît ? »	☐	☐
2. « Je fais du 42. »	☐	☐
3. « Est-ce que je peux essayer ? »	☐	☐
4. « Vous faites quelle taille ? »	☐	☐
5. « Est-ce que vous avez un autre modèle, dans ma taille ? »	☐	☐
6. « Je peux vous renseigner ? »	☐	☐
7. « Ça ne me va pas. »	☐	☐

2   **Choisissez la bonne réponse.**

1. Vous | prenez | faites | quelle pointure ?

2. Aujourd'hui, je | suis | mets | en pantalon.

3. Cette couleur te | habille | va | bien.

4. Est-ce que je peux | avoir | essayer | ce costume ?

5. Comment tu t' | habilles | mets | ?

6. Je ne | mets | reste | pas en short, je vais me | changer | essayer | .

7. Qu'est-ce que vous | faites | avez | dans ma pointure ?

3   **Choisissez une ou deux réponses possibles.**

1. Tu t'habilles comment ?

   a. Je vais mettre un pull et un jean. ☐

   b. Je me déshabille. ☐

   c. Je suis bien habillé. ☐

2. Ça vous plaît ?

   a. Je fais du 38. ☐

   b. Non, ça ne me plaît pas. ☐

   c. Oui, mais c'est un peu petit. ☐

3. Je peux vous renseigner ?

   a. Oui, je voudrais essayer cette robe. ☐

   b. Non merci, je regarde. ☐

   c. Oui, ça me plaît. ☐

4. Ça va, la taille ?

   a. Non, c'est trop petit. ☐

   b. Non, c'est un peu grand. ☐

   c. Non, ça va. ☐

5. Tu mets des bijoux ?

   a. Oui, une écharpe. ☐

   b. Oui, une broche. ☐

   c. Oui, un chapeau. ☐

6. Il est bien habillé ?

   a. Oui, il est toujours chic. ☐

   b. Oui, il s'habille. ☐

   c. Non, il est mal habillé. ☐

10 LA MAISON – LE LOGEMENT

LA MAISON

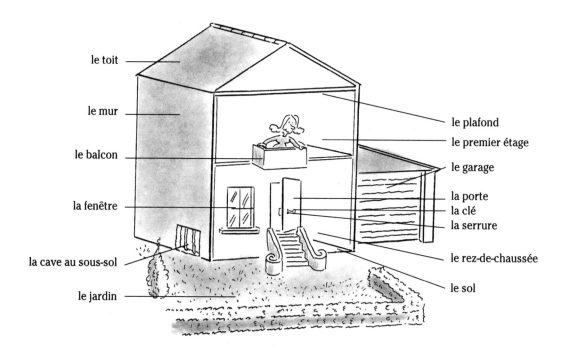

le toit

le mur

le balcon

la fenêtre

la cave au sous-sol

le jardin

le plafond

le premier étage

le garage

la porte
la clé
la serrure

le rez-de-chaussée

le sol

Remarque : On ne dit pas « sur le sol », mais « **par terre** » : *Le livre est tombé par terre.*

UN APPARTEMENT

Une maison ou un appartement ont plusieurs **pièces**.

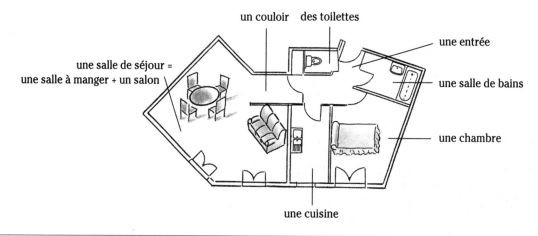

un couloir   des toilettes

une salle de séjour =
une salle à manger + un salon

une entrée

une salle de bains

une chambre

une cuisine

1 Choisissez la bonne réponse.

1. On dort dans | le couloir | la chambre | le salon | .

2. On met la voiture dans | l'entrée | le sol | le garage | .

3. On ouvre la porte avec | une serrure | une fenêtre | une clé | .

4. On mange dans | la salle à manger | la chambre | l'entrée | .

5. On regarde la télévision dans | le couloir | le salon | le jardin | .

2 Replacez les mots suivants dans les phrases.

fenêtre – garage – cave – cuisine – balcon – chambre

1. Pauline a mis des fleurs sur son _____ .

2. La maison a une grande _____ au sous-sol.

3. Les enfants jouent dans leur _____ .

4. Je prépare le dîner dans la _____ .

5. Il fait chaud, nous ouvrons la _____ .

6. La voiture est dans le _____ .

3 Éliminez l'intrus.

1. salle de bains / couloir / toilettes

2. salle à manger / salon / chambre

3. toit / cave / sous-sol

4. mur / cuisine / plafond

5. jardin / entrée / couloir

6. fenêtre / cuisine / porte

7. sol / clé / serrure

4 « La maison de mes rêves » : replacez les mots suivants dans le texte.

jardin – garage – salles de bains – salle de séjour – chambres – cuisine – rez-de-chaussée – fenêtres – cave

« J'imagine ma maison avec un _____-____-_____ et un étage. Au sous-sol, il y a une

_____ et un _____ . J'aimerais une grande _____ _____ _____ avec

beaucoup de _____ qui ouvrent sur le _____ … J'aimerais aussi quatre

_____ , une pour nous, une pour Alexandre, une pour Sophie et une pour les amis. Il faut

bien sûr deux belles _____ _____ _____ . Ah, j'oublie la _____ : je la voudrais assez

grande aussi, car j'adore faire la cuisine. »

QUELQUES MEUBLES DANS LA SALLE DE SÉJOUR

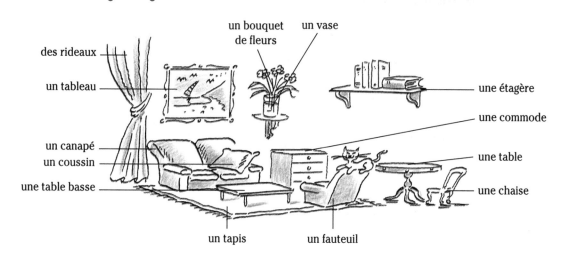

- un bouquet de fleurs
- un vase
- des rideaux
- un tableau
- une étagère
- une commode
- un canapé
- un coussin
- une table
- une table basse
- une chaise
- un tapis
- un fauteuil

DANS LA CUISINE

- un placard
- un congélateur
- un lave-linge
- un réfrigérateur (un frigo*)
- un évier
- une cuisinière
- un four
- un lave-vaisselle

DANS LA CHAMBRE

- un réveil qui sonne
- une lampe
- un radiateur
- un oreiller
- une couverture
- des draps
- un lit
- une couette
- la moquette

1   Choisissez la réponse correcte.

1. Il est 7 heures du matin, | le réveil | la lampe | sonne.

2. Dans la chambre, il y a des | tables | tableaux | au mur.

3. Elle lave une assiette dans l' | évier | oreiller | .

4. Il y a six | chaises | fauteuils | autour de la table.

5. Nous avons mis des livres sur la | chaise | table basse | .

6. Il y a beaucoup de | tapis | coussins | sur le canapé.

2   Replacez les mots suivants dans les phrases.

table – évier – lit – frigo – fauteuil – étagère – placard

1. Je lis mon journal dans le _____ .

2. Je lave les légumes dans l' _____ .

3. Je prends un livre sur l' _____ .

4. Je pose mon café sur la _____ basse.

5. J'ouvre le _____ pour prendre du lait.

6. Je mets les assiettes dans le _____ .

7. Il est 23 heures, je vais au _____ .

3   Vrai ou faux ?

	VRAI	FAUX		VRAI	FAUX
1. Il y a un évier dans la chambre.	❑	❑	**5.** La commode est un meuble.	❑	❑
2. Il y a des draps aux fenêtres.	❑	❑	**6.** Le lit est dans la chambre.	❑	❑
3. L'oreiller se trouve sur le lit.	❑	❑	**7.** Le canapé est dans la cuisine.	❑	❑
4. Les étagères sont dans le jardin.	❑	❑	**8.** La moquette est sur le lit.	❑	❑

4   Choisissez deux réponses à chaque question.

1. Vous avez des légumes ?
   a. Oui, dans le congélateur. ❑
   b. Oui, dans la chambre. ❑
   c. Oui, dans le frigo. ❑

2. Vous lisez un livre ?
   a. Oui, dans mon fauteuil. ❑
   b. Oui, dans ma chambre. ❑
   c. Oui, dans mon placard. ❑

3. Où est le vase à fleurs ?
   a. Dans le salon. ❑
   b. Dans l'évier. ❑
   c. Sur la table basse. ❑

4. Vous avez des rideaux ?
   a. Oui, au balcon. ❑
   b. Oui, aux fenêtres. ❑
   c. Oui, dans la chambre. ❑

DANS LA SALLE DE BAINS

une douche

un miroir

une baignoire

un lavabo

un savon

un bidet

une serviette de bain

HABITER DANS UN APPARTEMENT

- Alexandre **habite au** quatrième **étage** d'**un immeuble moderne**.
Tous les jours, il **éteint la lumière** avant de partir. Il **ferme sa porte à clé**,
puis il **prend l'escalier pour descendre** au rez-de-chaussée.

- Le soir, quand il **rentre**, il ouvre **sa boîte aux lettres** pour **prendre son
courrier**. Il est fatigué, alors il **prend l'ascenseur** pour **monter** au quatrième.
Il **ouvre** sa porte et **allume** la lumière.

- Dans la semaine, il **reste à la maison** (= il **reste chez lui**), mais le samedi,
il **sort**.

- Quelquefois, il **reçoit** (= **invite**) **des amis**
à la maison.

*Son amie Corinne **frappe à la porte**, parce que
la sonnette ne marche pas. Normalement, Corinne
sonne à la porte.*

- Alexandre n'**a** pas **acheté** son appartement, il **loue** son appartement :
il **est locataire**, il n'est pas **propriétaire**. Tous les mois, il **paye un loyer**.
Bien sûr, il doit aussi payer **les factures** d'électricité, de téléphone…

- Il aime bien **son deux-pièces**, mais il voudrait **déménager** dans
un appartement plus grand et plus **confortable**. Il va demander
des renseignements à **une agence immobilière**.

Remarque sociologique : En 2001, plus de 50 % des Français étaient propriétaires de leur
habitation.

1 **Associez un objet et une pièce.**

1. canapé

a. salon :   **2.** évier

3. lavabo

b. cuisine :   **4.** four

5. frigo

c. chambre :   **6.** lit

7. oreiller

d. salle de bains :   **8.** coussin

9. douche

2 **Répondez par le contraire.**

1. – Est-ce qu'il ouvre la porte ?

– Non, il la _____

2. – Est-ce qu'elle allume la lumière ?

– Non, elle l' _____

3. – Est-ce qu'il est propriétaire de son appartement ?

– Non, il est _____

4. – Est-ce qu'elle sort, ce soir ?

– Non, elle _____

5. – Est-ce que l'ascenseur descend ?

– Non, il _____

3 **Choisissez la meilleure explication.**

1. Il est propriétaire d'une maison.   **a.** Il paye un loyer ❏

b. Il a acheté une maison. ❏

2. Elle reste chez elle.   **a.** Elle ne sort pas. ❏

b. Elle est fatiguée. ❏

3. Ils vont déménager.   **a.** Ils vont acheter une maison. ❏

b. Ils vont changer de maison. ❏

4. Elle prend l'escalier.   **a.** Elle descend l'escalier. ❏

b. Elle ne prend pas l'ascenseur. ❏

5. Il sonne à la porte.   **a.** Il frappe à la porte. ❏

b. La sonnette marche. ❏

11 LES ACTIVITÉS QUOTIDIENNES

LE MATIN ET LE SOIR

■ Le matin

Le réveil **sonne** à 7 heures.

Léa **allume** la lampe.

Jean et Léa **se lèvent**.

Ils **s'habillent**.

Léa **accompagne les enfants** à l'école.

Jean **part de la maison**, il part **au travail**.

La famille **déjeune**.

■ Le soir

Léa **va chercher** les enfants à l'école.

Jean **rentre** à la maison, il **rentre du** travail.

La famille **dîne**.

Ils **se déshabillent**.

Jean et Léa **se couchent**.

Jean **met le réveil** à 7 heures.

Léa **éteint** la lampe.

LES ACTIVITÉS DANS LA JOURNÉE

- Est-ce que vous **écoutez la radio**?
- Oui, j'**allume** la radio pour écouter **les informations** à 7 heures et demie.
- Est-ce que vous **regardez la télévision**?
- Oui, j'**allume la télé*** à 20 heures, mais je l'**éteins** après **les nouvelles**.
- Vous **lisez un journal**?
- Oui, je lis mon journal le soir.
- Qu'est-ce que vous faites, quand vous rentrez le soir?
- J'**ouvre mon courrier**, je **consulte mon répondeur** (= j'**écoute** les messages), je **passe** quelques **coups de fil*** (= je **téléphone à** quelques personnes), je **fais du courrier** (= j'**envoie des lettres**).
- Quand est-ce que vous **faites les courses**? (voir chapitre 13)
- Le samedi, en général.
- Qui **fait le ménage** dans la maison, vous ou Léa?
- Heuh…

1 Associez pour constituer une phrase complète.

1. Elle regarde
2. Nous écoutons
3. Ils lisent
4. Tu fais
5. Elle part
6. Je rentre
7. Il consulte

a. au travail.
b. son répondeur.
c. la télévision.
d. à la maison.
e. la radio.
f. le ménage.
g. le journal.

2 Choisissez la bonne réponse.

1. À 8 heures du matin, Léon | va chercher | accompagne | les enfants à l'école.

2. À quelle heure est-ce que vous | partez | rentrez | de la maison, le matin ?

3. Le soir, nous | dînons | déjeunons | ensemble.

4. Le réveil | sonne | allume | à 6 h 30.

5. Je suis fatigué, je vais | me lever | me coucher | .

6. À quelle heure est-ce que vous | mettez | sonnez | le réveil ?

7. Le matin, Angélique | éteint | allume | les lampes avant de partir.

3 Éliminez l'intrus.

1. allumer / accompagner / éteindre
2. déjeuner / dîner / sonner
3. lire / partir / rentrer

4. se lever / se coucher / écouter
5. faire le ménage / faire du courrier / faire les courses
6. aller chercher / accompagner / consulter

4 Choisissez la bonne réponse.

1. Qu'est-ce que vous regardez ?
   a. La télévision. ❏
   b. La radio. ❏

2. Vous consultez votre répondeur ?
   a. Oui, j'écoute mes messages. ❏
   b. Oui, je fais du courrier. ❏

3. Qu'est-ce que vous faites ?
   a. Les courses. ❏
   b. Les enfants. ❏

4. Qu'est-ce que vous allumez ?
   a. Le journal. ❏
   b. La radio. ❏

5. Vous dînez à quelle heure ?
   a. À 13 heures. ❏
   b. À 20 heures. ❏

6. Vous lisez le journal ?
   a. Oui, je regarde la télé. ❏
   b. Non, j'écoute la radio. ❏

SE PRÉPARER

Le matin, Léa **se prépare**.
Elle **fait sa toilette** : elle **se lave** avec **du savon**, elle **prend une douche** ou **un bain**,

elle **se lave les cheveux** avec du **shampooing**,

elle **se sèche** les cheveux avec **un séchoir à cheveux**,

elle **se brosse** (= se lave) **les dents** avec **du dentifrice** et **une brosse à dents**.

Ensuite, elle **se maquille**.
Maintenant, elle est **prête**.

Jean **se rase** avec **un rasoir** et de **la mousse à raser**.

Remarque grammaticale : Notez la structure « je **me** brosse **les** dents » ; « il **se** lave **les** cheveux ».

FAIRE LE MÉNAGE

Carine **fait la vaisselle**, car elle n'a pas de **lave-vaisselle**.

Elle **passe l'aspirateur**.

Elle **nettoie** la salle de bains.

Elle **fait son lit**.

Elle **fait les vitres**.

Elle **fait la lessive** : elle met **le linge à laver** dans **le lave-linge** (= **la machine à laver**).

Elle lave **à la main** certains vêtements.

Elle **fait du repassage** : elle **repasse** un pantalon.

Elle **plie le linge**.

Elle le **range** dans les placards.

1 **Dites si la personne fait sa toilette ou le ménage.**

	TOILETTE	MÉNAGE		TOILETTE	MÉNAGE
1. Corinne passe l'aspirateur.	❏	❏	**5.** Alexandre fait la vaisselle.	❏	❏
2. Félix se rase.	❏	❏	**6.** Aline se maquille.	❏	❏
3. Anne se lave les cheveux.	❏	❏	**7.** Marc repasse sa chemise.	❏	❏
4. Catherine fait les vitres.	❏	❏	**8.** Chantal se brosse les dents.	❏	❏

2 **Choisissez la bonne réponse.**

1. Je │ passe │ fais │ l'aspirateur.   **3.** Elle │ passe │ repasse │ une chemise.   **5.** Elle │ plie │ passe │ le linge.

2. Il │ fait │ nettoie │ la lessive.   **4.** Il │ se sèche │ se brosse │ les dents.   **6.** Il │ lave │ se lave │ un T-shirt.

3 **Associez.**

	a. à la maison.
1. Je passe	**b.** un bain.
	c. du travail.
2. Il fait	**d.** l'aspirateur.
	e. un coup de fil.
3. Elle met	**f.** une douche.
	g. le ménage.
4. Je prends	**h.** le réveil à 7 h 30.
	i. le linge dans la machine.
5. Ils rentrent	**j.** sa toilette.
	k. la vaisselle.
	l. son lit.

4 **Remettez le texte suivant dans un ordre logique.**

a. Elle se lave les cheveux

b. Elle part au travail.

c. Pauline se lève.

d. Elle s'habille.

e. Elle se sèche les cheveux.

f. Le réveil sonne.

g. Elle prend une douche.

h. Elle se maquille.

1. _____   **2.** _____   **3.** _____   **4.** _____   **5.** _____   **6.** _____   **7.** _____   **8.** _____

LES OBJETS QUOTIDIENS

Il y a beaucoup de choses dans le sac à main de Lise !

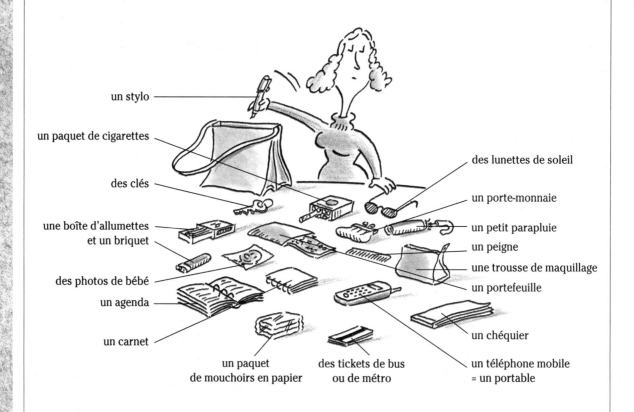

un stylo

un paquet de cigarettes

des clés

une boîte d'allumettes et un briquet

des photos de bébé

un agenda

un carnet

un paquet de mouchoirs en papier

des tickets de bus ou de métro

des lunettes de soleil

un porte-monnaie

un petit parapluie

un peigne

une trousse de maquillage

un portefeuille

un chéquier

un téléphone mobile = un portable

QUELQUES OBJETS UTILES À LA MAISON

une ampoule électrique

une paire de ciseaux

du papier

du papier à lettres et des enveloppes

un crayon

une gomme

un taille-crayon

une boîte

une bougie

un sac en plastique

E X E R C I C E S

1 Éliminez l'intrus.

1. portefeuille / peigne / porte-monnaie
2. chéquier / carnet / agenda
3. papier / clé / stylo
4. ampoule / bougie / sac
5. parapluie / crayon / gomme
6. allumettes / briquet / trousse
7. peigne / trousse de maquillage / papier à lettres

2 Devinez de quel objet on parle.

1. Je <u>les</u> mets s'il y a beaucoup de soleil.
2. Je <u>les</u> utilise pour ouvrir ma porte.
3. Je <u>le</u> prends s'il pleut.
4. <u>C</u>'est commode pour téléphoner dans la rue.
5. Je mets une lettre <u>dans cet objet</u>.
6. J'écris <u>avec cet objet</u> (deux possibilités).
7. J'<u>en</u> achète pour mettre sur un gâteau d'anniversaire.
8. Tous mes rendez-vous sont notés <u>dans cet objet</u>.

3 Replacez les mots suivants dans le texte.

sac à main – agenda – me raser – te préparer – clés – téléphone – prêt – me maquille – me lave

Un matin comme les autres…

1. – Bastien, tu es _____ ?
2. – Oui, maman, presque ! Je _____ _____ les dents et j'arrive !
3. – Estelle, tu viens ?
4. – Oui, maman, je _____ _____ et j'arrive !
5. – Chéri, viens ! Nous allons être en retard !
6. – Oui, ma chérie, je finis de _____ _____ et j'arrive !
7. – Je ne trouve pas mes _____ !
8. – Elles sont dans ton _____ _____ _____, ma chérie. Est-ce que tu as vu
   mon _____ mobile, par hasard ?
9. – Je crois qu'il est sur la table, avec ton _____ . Estelle, est-ce que tu as fini de
   _____ _____ ? Il est 8 heures !

12 LES PRODUITS ALIMENTAIRES LES COMMERCES

● On peut acheter des légumes et des fruits **frais** chez **le marchand de fruits et légumes**.

QUELQUES LÉGUMES

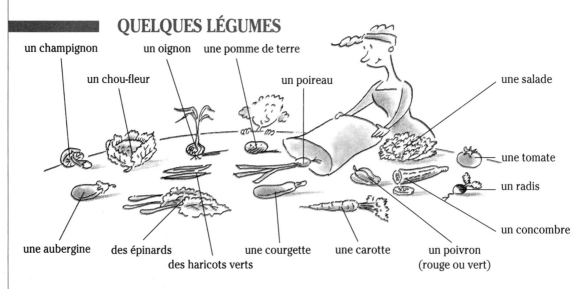

un champignon

un chou-fleur

un oignon   une pomme de terre

un poireau

une salade

une tomate

un radis

un concombre

une aubergine   des épinards

des haricots verts

une courgette   une carotte

un poivron
(rouge ou vert)

On mange les légumes **crus** (comme par exemple les radis, les concombres…) ou, au contraire, **cuits** (les pommes de terre, les haricots verts, les poireaux…). Dans un bistrot, on peut demander « **une assiette de crudités** », c'est-à-dire une assiette de légumes crus.

QUELQUES FRUITS

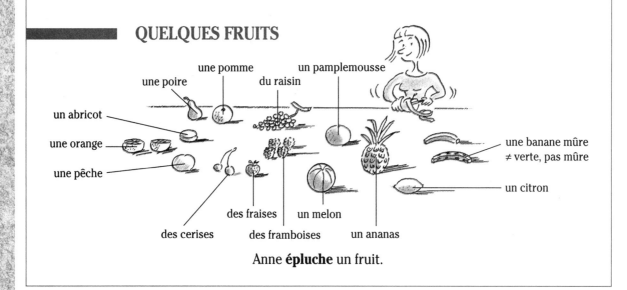

une poire

une pomme

du raisin

un pamplemousse

un abricot

une orange

une pêche

une banane mûre
≠ verte, pas mûre

un citron

des cerises

des fraises

des framboises

un melon

un ananas

Anne **épluche** un fruit.

1 Vrai ou faux ?

		VRAI	FAUX
1.	Le poireau est un fruit.	❏	❏
2.	On peut acheter des poivrons verts.	❏	❏
3.	Une pomme verte n'est pas mûre.	❏	❏
4.	En France, on mange les haricots verts crus.	❏	❏
5.	La pomme de terre est un fruit.	❏	❏
6.	En France, on mange les radis crus.	❏	❏

2 Identifiez 11 noms de fruits (5 horizontalement et 6 verticalement).

```
A  L  U  I  I  L  P  E  P
P  M  E  L  O  N  O  B  R
O  R  A  N  G  E  I  A  A
M  I  B  T  C  P  R  N  I
M  F  R  A  I  S  E  A  S
E  J  I  C  T  A  U  N  I
R  O  C  E  R  I  S  E  N
S  I  O  L  O  S  P  H  E
Q  Y  T  A  N  A  N  A  S
```

3 Vous devez préparer une bonne salade de fruits.
Quels produits choisissez-vous parmi les suivants ?

des cerises – des radis – un concombre – un ananas – des fraises – une aubergine – des abricots – un pamplemousse – une banane – des tomates – un oignon – une orange

4 À vous !

1. Avez-vous déjà utilisé les fruits et les légumes de la page ci-contre ? Comment ? Cuits ou crus ?

_____

2. Connaissez-vous des plats français à base de fruits ?

_____

3. Dans votre pays, existe-t-il d'autres fruits que ceux mentionnés ici ?

_____

4. Connaissez-vous les différentes manières de préparer les pommes de terre, dans la cuisine française ?

_____

LE POISSON

On achète le poisson et les fruits de mer **chez le poissonnier** (= **à la poissonnerie**).

le saumon

la sole

la sardine

le thon

– Est-ce que vous pouvez **préparer** le poisson ?
– Oui, madame. J'**enlève la tête et les arêtes** ?

LES FRUITS DE MER

des coquillages

un crabe — une huître

une moule — une crevette

une coquille Saint-Jacques

LA VIANDE

On achète la viande **chez le boucher** (= **à la boucherie**) ; pour la viande de porc, plus particulièrement, on va **chez le charcutier** (= **à la charcuterie**).

le porc :
1. une côtelette,
2. du jambon,
3. un saucisson,
4. une saucisse…

le bœuf :
une entrecôte,
un filet…

l'agneau :
une côtelette,
10. un gigot…

le veau :
5. une escalope (= une tranche),
6. un rôti…

la volaille :
7. un poulet,
8. un canard,
9. une dinde…
(une aile – une cuisse)

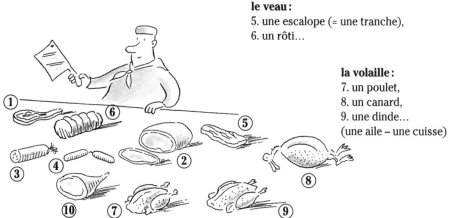

Remarque : « La charcuterie », c'est aussi le nom des saucisses, saucissons, pâtés à base de porc. Dans un bistrot, on peut commander une « **assiette de charcuterie** ».

1 Éliminez l'intrus.

1. saumon / saucisse / sardine

2. moule / huître / sole

3. bœuf / dinde / canard

4. entrecôte / saucisse / filet

5. aile / arête / cuisse

6. coquille Saint-Jacques / escalope / moule

7. jambon / saucisson / canard

2 Choisissez la réponse correcte.

1. Vous mangez des fruits de mer ?

    a. Oui, des crevettes. ❏

    b. Oui, des escalopes. ❏

2. Vous aimez la charcuterie ?

    a. Oui, surtout le crabe. ❏

    b. Oui, surtout le saucisson. ❏

3. Vous pouvez préparer le poisson ?

    a. Oui, j'enlève les arêtes. ❏

    b. Oui, j'enlève les ailes. ❏

4. Vous aimez la volaille ?

    a. Non, je préfère le canard. ❏

    b. Non, je préfère le poisson. ❏

5. Quels poissons est-ce que vous préférez ?

    a. La sole et le saumon. ❏

    b. La sole et les huîtres. ❏

6. Vous mangez de la viande ?

    a. Non, je mange de la charcuterie. ❏

    b. Non, je mange du poisson. ❏

3 Complétez le tableau suivant.

légumes	fruits	poissons – fruits de mer	viande

*du jambon – des huîtres – un pamplemousse – une aubergine – des crevettes – un melon –
une sole – un poulet – un poireau – du raisin – une poire – un saumon – un saucisson – des fraises –
des champignons – une pêche – une entrecôte – des épinards – des moules – un chou-fleur –
une escalope – des radis – un gigot – une sardine – un poivron*

LES PRODUITS LAITIERS

■ Les fromages

On achète du bon fromage **chez un fromager** (= **à la fromagerie**).

On dit qu'il y a 365 sortes de fromages en France !

Quelques fromages : **le camembert**, **le roquefort**, **le brie**, **le fromage de chèvre**…

■ La crèmerie

 le lait le beurre le yaourt la crème fraîche les œufs

Remarque : Un produit « **fermier** » est généralement de meilleure qualité : « camembert fermier », « œufs fermiers ».

LES PRODUITS DE BASE

On peut acheter ces produits dans **une épicerie** = **un** petit **supermarché**.

la farine   le sucre (en poudre, en morceaux)   les pâtes (les spaghetti, les macaroni)   le riz   les légumes secs (les lentilles, les pois chiches…)   une boîte de conserve   la confiture (d'orange, de fraise…)

Remarque : Les Français apprécient de plus en plus les produits « **biologiques** » (= naturels).

LES CONDIMENTS

l'huile (d'olive, de tournesol)   le vinaigre   le sel   la moutarde   le poivre   la sauce tomate   la mayonnaise   les cornichons

Remarque gastronomique : Si on mélange de l'huile, du vinaigre, du sel et du poivre, on obtient **une vinaigrette**, que l'on met dans la salade verte. On peut aussi ajouter des **fines herbes** (**basilic, estragon, persil**…).

E X E R C I C E S

1 Voici la liste des produits que Zoé doit acheter. Identifiez l'itinéraire de Zoé.

moutarde
beurre
camembert fermier
2 poivrons
4 oranges
4 côtelettes d'agneau
un poulet

1. boucher – charcutier – supermarché – marchand de fruits et légumes

2. poissonnier – épicerie – marchand de fruits et légumes – boucher

3. boucher – fromager – épicerie – marchand de fruits et légumes

4. charcutier – supermarché – marchand de fruits et légumes – épicerie

2 Vrai ou faux ?

	VRAI	FAUX
1. La vinaigrette est faite avec du lait.	❏	❏
2. Le camembert est un fromage.	❏	❏
3. Le sucre existe en morceaux.	❏	❏
4. Le poivron est un condiment.	❏	❏
5. Il existe beaucoup de sortes de fromages.	❏	❏
6. On peut trouver du bon fromage fermier dans un supermarché.	❏	❏
7. Les lentilles sont des légumes secs.	❏	❏

3 Choisissez une ou deux réponses correctes, selon le cas.

1. Vous aimez le fromage ?

a. Oui, j'aime le beurre. ❏

b. Non, sauf le camembert. ❏

c. Oui, j'aime le roquefort. ❏

2. Vous mangez des légumes ?

a. Oui, des poivrons. ❏

b. Oui, du poivre. ❏

c. Oui, des poireaux. ❏

3. Qu'y a-t-il, dans cette salade de fruits ?

a. Des pommes, des poireaux, des fraises. ❏

b. Des pommes, des poires, des oranges. ❏

c. Des pommes, des cornichons, des abricots. ❏

4. Qu'est-ce que tu achètes, chez le fromager ?

a. Du camembert, du roquefort, du brie. ❏

b. Du camembert, du riz, du beurre. ❏

c. Du roquefort, du fromage de chèvre. ❏

5. Qu'est-ce qu'il y a dans la vinaigrette ?

a. Du sel, du poivre, de l'huile, du vin. ❏

b. Du sel, des poires, de l'huile, du vinaigre. ❏

c. Du sel, du poivre, de l'huile, du vinaigre. ❏

6. Je vais au supermarché pour acheter :

a. Un camembert fermier. ❏

b. Du sel et de l'huile. ❏

c. Du sucre et des pâtes. ❏

LE PAIN, LA PÂTISSERIE, LES SUCRERIES

Pour acheter du pain, on va chez **le boulanger** (= à **la boulangerie**), et pour acheter des **gâteaux**, on va chez **le pâtissier** (= à **la pâtisserie**).
Voici quelques spécialités françaises.

une baguette (1), un pain de campagne (2)
un croissant (3), un pain aux raisins (4),
un pain au chocolat (5)
une tarte aux pommes (6), une tarte au citron (7)
un gâteau au chocolat (8), un éclair au café (9),
un millefeuille (10)
des bonbons (11)
des glaces (à la vanille, au chocolat, à la fraise...) (12)
des sorbets (au citron, à la framboise...)

> **Remarque :** Pour la plupart des commerces, on peut utiliser indifféremment le nom de la *boutique* («la boucherie», «la pâtisserie»), ou le nom de la *profession* («le boucher», «le pâtissier»). Attention à la préposition ! «Je vais **à** la boulangerie» = «Je vais **chez** le boulanger».

LES BOISSONS

■ Le vin et les alcools

On peut acheter du vin et des alcools dans un supermarché, mais aussi chez **un marchand de vin**.

le vin (rouge, blanc, rosé) et le champagne
la bière
le cidre (boisson pétillante à base de pomme, légèrement alcoolisée)
les apéritifs : le muscat, le porto, le pastis, le whisky...
les digestifs : le cognac, l'armagnac...

■ Les boissons sans alcool

l'eau minérale (gazeuse ≠ plate)
le jus de fruits : le jus de pomme, d'orange, de raisin...
le café, le thé, le chocolat chaud

1 Éliminez l'intrus.

1. baguette / pain aux raisins / pain de campagne

2. éclair / sorbet / millefeuille

3. cidre / vin / champagne

4. café / jus de pomme / thé

5. croissant / pain au chocolat / tarte aux fraises

6. muscat / cognac / pastis

7. bonbon / glace / sorbet

2 Choisissez le mot correct.

Tu connais la recette du quatre-quarts ?

1. C'est le _____ le plus facile à faire !   *gâteau – croissant*

2. Tu dois mélanger du _____ ,   *sucre – riz*

3. de la _____ ,   *moutarde – farine*

4. du _____ ,   *beurre – pain*

5. et quatre _____ .   *bonbons – œufs*

6. N'oublie pas d'ajouter un petit peu de _____ .   *sel – poivre*

3 Connaissez-vous les traditions françaises ? Choisissez les plats qui conviennent.

1. Avec un bon vin rouge : *une entrecôte – un pain au chocolat – des huîtres – une côtelette d'agneau – un camembert.*

2. Avec un bon vin blanc : *un poulet rôti – une sole – des coquilles Saint-Jacques – du saucisson – un pain aux raisins.*

3. Avec un café : *du jambon – du pain et du beurre – des moules – un gâteau au chocolat – un croissant – une glace.*

4 Dans quel commerce pouvez-vous entendre les phrases suivantes ?

1. « Est-ce que vous pouvez enlever les arêtes ? »   → _____

2. « Vous voulez un rouge ou un vert ? »   → _____

3. « Je voudrais un saucisson, s'il vous plaît. »   → _____

4. « Une demi-baguette, s'il vous plaît ! »   → _____

5. « Vous préférez une aile ou une cuisse ? »   → _____

6. « Une tarte au citron et deux gâteaux au chocolat. »   → _____

7. « Vous voulez du rouge ou du rosé ? »   → _____

13 FAIRE LES COURSES

Élodie va au supermarché pour acheter différents produits :
elle **fait les courses**.

JE VOUDRAIS...

une tranche de jambon
(fine ≠ épaisse)

un morceau de fromage

une barquette de fraises
une botte de radis
un sac de pommes de terre

un paquet de biscuits
un tube de mayonnaise
un pot de crème fraîche
une tablette de chocolat
une boîte de petits pois
une bouteille d'huile

LA QUANTITÉ

un kilo (de) = 1 000 grammes
une livre (de) / un demi-kilo (de) = 500 grammes
une demi-livre (de) = 250 grammes
un litre (de)
un demi-litre (de)
la moitié (de) = 1/2

une dizaine (de) = environ 10
une douzaine (de) = environ 12
un peu plus (de) ≠ un peu moins (de)

1 Choisissez le terme qui convient.

1. | un morceau | un pot | de gâteau.

2. | un paquet | une tranche | de saucisson.

3. | une boîte | un sac | de sauce tomate.

4. | un pot | un morceau | de moutarde.

5. | une boîte | un paquet | de café

2 Associez.

a. tomates

1. un kilo de   **b.** lait

c. œufs

2. un litre de   **d.** eau

e. pommes de terre

3. une douzaine de   **f.** yaourts

g. fraises

h. jus d'orange

3 Choisissez la bonne réponse.

1. Vous voulez des fraises ?

    a. Oui, un paquet. ❑

    b. Oui, une barquette. ❑

2. Je voudrais du jambon, s'il vous plaît.

    a. Oui, combien de tranches ? ❑

    b. Oui, combien de morceaux ? ❑

3. Je cherche de l'eau minérale.

    a. Oui, les bouteilles sont là. ❑

    b. Oui, les boîtes sont là. ❑

4. Je voudrais des pommes, s'il vous plaît.

    a. Oui, madame. Un kilo ? ❑

    b. Oui, madame. Un litre ? ❑

5. Vous voulez du miel ?

    a. Oui, une bouteille, s'il vous plaît. ❑

    b. Oui, un pot, s'il vous plaît. ❑

6. Je voudrais des radis, s'il vous plaît.

    a. Oui, une boîte ? ❑

    b. Oui, une botte ? ❑

4 Complétez.

1. Zut ! J'ai cassé un _____ de confiture !

2. Elle a acheté deux _____ de vin blanc pour le dîner.

3. J'ai faim ! Je vais acheter un _____ de biscuits.

4. Tu veux un petit _____ de fromage ?

5. Il y a un _____ de café dans le réfrigérateur.

6. Je voudrais quatre _____ fines de jambon de Bayonne.

DEMANDER ET COMMENTER LE PRIX

C'est combien ? (*pour un seul objet*) **Ça fait combien ?** (*pour un total*)
Quel est le prix de… ?
Est-ce que vous pouvez me dire le prix de… ?
(*Le jambon*) **est à combien ?** (*Les tomates*) **sont à combien ?**
Je vous dois combien ? (*quand on paye un service, une personne…*)
Le kilo de cerises à 7 €, c'est un peu **cher** ! (≠ **bon marché**)

DANS UNE GRANDE SURFACE
= DANS UN GRAND SUPERMARCHÉ

À l'entrée du magasin, **le client** prend **un chariot**
ou **un panier**. Il va dans les différents
rayons : le rayon boucherie,
le rayon fromages. Quand
il a **fait ses achats**, il va à
la caisse pour payer.
Le client peut demander
une livraison à domicile : un employé
du supermarché vient chez le client
pour lui **livrer** (= apporter) ses achats.

AU MARCHÉ

Les villes et les villages de France ont généralement un joli marché, à
l'extérieur ou sous une halle. On peut y acheter des produits frais.

- *Chez le marchand de fruits et légumes*
– Madame, **vous désirez** ?
– **Je voudrais** deux poivrons rouges et un kilo de tomates, s'il vous plaît.
– Voilà, madame. **Et avec ceci ?**
– **C'est tout**, merci.

- *Chez le fromager*
– Monsieur ?
– **Je voudrais** un morceau de cantal,
s'il vous plaît.
– **Ça va, comme ça ?**
– **Un peu plus**, s'il vous plaît.

1 Dans une grande surface. Vrai ou faux ?

	VRAI	FAUX
1. On peut mettre ses achats dans un chariot.	❏	❏
2. L'employé paye à la caisse.	❏	❏
3. On peut demander une livraison à domicile.	❏	❏
4. Pour acheter des bananes, je cherche le rayon « fruits ».	❏	❏
5. On met le client dans un panier.	❏	❏
6. Une grande surface est un grand supermarché.	❏	❏

2 Complétez chaque dialogue par les expressions suivantes.

1. *à combien – demi-livre – fait – kilo – désirez – ceci*
2. *fines (2 fois) – voudrais – morceau – avec – tranches*

1. – Monsieur, vous _____ ?

   – Je voudrais quatre pommes et une _____ de fraises, s'il vous plaît.

   – Voilà, monsieur. Et avec _____ ?

   – Les cerises sont _____ ?

   – 2,70 € le _____ , monsieur.

   – Alors, un kilo, s'il vous plaît. Ça _____ combien ?

   – 6,30 €, monsieur.

2. – Madame ?

   – Je _____ quatre _____ de jambon blanc, s'il vous plaît.

   – Oui, madame. _____ ou épaisses ?

   – Bien _____ .

   – Et _____ ceci ?

   – Un petit _____ de pâté de canard.

3 Trouvez la question.

1. – _____ ?

   – 10,10 € au total, madame.

2. – _____ ?

   – Un peu moins, s'il vous plaît.

3. – _____ ?

   – C'est tout, merci.

4. – _____ ?

   – Je voudrais quatre bananes et un kilo de poires, s'il vous plaît.

5. _____ ?

   – Les pommes de terre sont à 1,40 € le kilo.

14 LA CUISINE – LES REPAS

- Pierre aime **faire la cuisine** : c'est **un** très bon **cuisinier**. Il **fait** (= **prépare**) **un** bon **plat**. Il cherche **une recette** dans **un livre de cuisine**.
  J'ai fait une tarte aux pommes hier soir.
  J'ai préparé un poulet à la moutarde.
- Brice est cuisinier professionnel, il est **chef** dans un restaurant.

QUELQUES USTENSILES DE CUISINE

une casserole

une poêle

un moule à tarte

une cocotte et son couvercle

un plat

un moule à gâteau

un saladier

LA TABLE

Avant de manger, Isabelle **met la table**.

un bouchon
une bouteille
une carafe d'eau
un cendrier
une serviette
une fourchette,
un couteau,
une cuillère

un verre
un tire-bouchon
une assiette
une nappe

LE PETIT DÉJEUNER

un bol de café, de lait
une tasse
de la confiture
la cafetière

des tartines
du beurre
la théière
la passoire à thé

Remarque : Les Français utilisent le bol, à la maison, pour boire (du café, du lait, du chocolat chaud) et non pour manger.

Complétez les mots croisés suivants.

Horizontalement :

1. C'est rond ; on mange dans cet objet.

2. C'est sur la table, c'est blanc ou en couleur.

3. C'est pour mettre le bon vin.

Verticalement :

a. C'est posé sur l'assiette,

c'est de la même couleur que la nappe.

b. C'est pour couper la viande, par exemple.

c. C'est l'objet qu'on utilise pour boire.

2 **Parmi les objets suivants, identifiez ceux qu'on pose sur la table d'un beau dîner.**

une théière – un verre – une casserole – une bouteille de vin – un couteau – une cocotte – une assiette – un bol – une fourchette – une poêle – une passoire à thé

3 **Éliminez l'intrus.**

1. fourchette / cuillère / moule

2. nappe / cendrier / serviette

3. poêle / tasse / cocotte

4. tire-bouchon / bouteille / passoire à thé

5. plat / couvercle / saladier

6. assiette / cafetière / théière

4 **Associez une personne et l'objet qu'elle cherche.**

1. Claire cherche une bonne recette.
a. un saladier

2. François voudrait boire du lait chaud.
b. une casserole

3. Béatrice boit de l'eau.
c. un moule

4. Michel veut ouvrir une bouteille de vin.
d. un livre de cuisine

5. Anne prépare le thé.
e. un bol

6. Lise fait un gâteau au chocolat.
f. une théière

7. Christian prépare la salade.
g. un tire-bouchon

8. Brigitte fait cuire des légumes.
h. un verre

BON APPÉTIT !

- Quand on **a faim**, on **mange** ; quand on **a soif**, on **boit** un verre d'eau, de vin…

- Il y a, en général, trois **repas** : le matin, les Français **prennent** le **petit déjeuner** ; à midi, ils **déjeunent**, le soir, ils **dînent**. Vers 16 heures, c'est l'heure du **goûter** : les enfants mangent un petit gâteau et boivent un jus de fruit, par exemple.

Remarque grammaticale : Notez qu'il existe trois noms : « le petit déjeuner », « le déjeuner », « le dîner », et deux verbes : « déjeuner », « dîner ».

AU RESTAURANT

- Un repas au restaurant est généralement composé d'**une entrée**, d'**un plat principal** et d'un fromage ou **un dessert**.

Le serveur : – Monsieur, **vous avez choisi** ?

Le client : – Oui, je voudrais **un menu à** 18 €, s'il vous plaît.

– Oui, monsieur. **Qu'est-ce que vous prenez, comme** entrée ?

– **C'est quoi***, la salade gourmande ?

– C'est une salade verte, avec des haricots verts, du foie gras, des petites tomates. C'est **délicieux** !

– D'accord, une salade gourmande, alors.

– Et **comme plat** ?

– Un canard à l'orange. Comme dessert, je **vais prendre** la crème brûlée.

– Et **comme boisson** ?

– Une demi-bouteille de côtes-du-rhône rouge, s'il vous plaît.

Une heure plus tard.

Le client : – Un café et **l'addition**, s'il vous plaît !

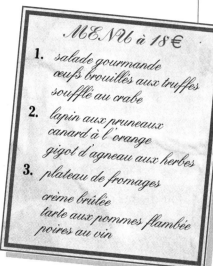

MENU à 18 €

1. salade gourmande
   œufs brouillés aux truffes
   soufflé au crabe
2. lapin aux pruneaux
   canard à l'orange
   gigot d'agneau aux herbes
3. plateau de fromages
   crème brûlée
   tarte aux pommes flambée
   poires au vin

MENU à 10 €

1. assiette de crudités
   quiche lorraine
   soupe à l'oignon
2. entrecôte sauce béarnaise
   bœuf bourguignon
   blanquette de veau
3. mousse au chocolat
   glaces ou sorbets
   tarte au citron

1 Vrai ou faux ?

	VRAI	FAUX
1. Il a faim, alors il boit un café.	❑	❑
2. Le goûter est un petit repas de l'après-midi.	❑	❑
3. Un bon repas est composé d'une entrée, d'un plat et d'une sortie.	❑	❑
4. Le petit déjeuner a lieu à midi.	❑	❑
5. On peut choisir un menu au restaurant.	❑	❑

2 Connaissez-vous un peu la cuisine française ? Dans la carte ci-contre, choisissez une ou plusieurs spécialités pour les personnes suivantes. (Éventuellement, aidez-vous du chapitre 12.)

1. Grégoire adore la viande.

2. Aude aime les entrées chaudes.

3. Léa adore les desserts, mais pas les fruits.

4. Odile est végétarienne (elle ne mange pas de viande).

5. Bruno préfère une entrée froide.

6. Sonia aime beaucoup la volaille.

7. Léon aime les plats en sauce.

8. Lise voudrait un dessert léger.

3 Remettez le dialogue suivant dans l'ordre.

a. – Et comme dessert ?

b. – Un bœuf bourguignon.

c. – Vous désirez boire quelque chose ?

d. – Oui, je vais prendre un menu à 11 €.

e. – Madame, vous avez choisi ?

f. – Une glace à la fraise.

g. – Qu'est-ce que vous prenez comme entrée ?

h. – De l'eau minérale, simplement.

i. – Comme plat ?

j. – Une soupe à l'oignon.

1. _____ **2.** _____ **3.** _____ **4.** _____ **5.** _____ **6.** _____ **7.** _____ **8.** _____ **9.** _____ **10.** _____

4 Choisissez deux réponses possibles.

1. Il mange dans un plat | une assiette | un bon restaurant .

2. Elle prend un dîner | un menu | une salade .

3. Je prépare un plat | un verre | un canard à l'orange .

4. Il met de l'eau dans un verre | une carafe | une poêle .

5. Elle fait | met | prépare une crème brûlée.

6. Il fait une casserole | la cuisine | un soufflé .

15 LE TEMPS QUI PASSE

LES QUATRE SAISONS ET LES MOIS DE L'ANNÉE

- **le printemps :** mars, avril, mai.
- **l'été :** juin, juillet, août.
- **l'automne :** septembre, octobre, novembre.
- **l'hiver :** décembre, janvier, février.

LES JOURS DE LA SEMAINE

- **les jours « ouvrables » :** lundi, mardi, mercredi, jeudi, vendredi.
- **le week-end :** samedi, dimanche.

Remarque : Il y a sept (7) jours dans une semaine, et quatorze (14) jours dans deux semaines, mais les Français disent « **huit jours** » et « **quinze jours** » !
Il prend huit jours de vacances. Elle revient dans quinze jours.

LA DATE

- **Quelle est la date**, aujourd'hui ?
- **Nous sommes le** 31 octobre (« le trente et un »).
- **Nous sommes** mardi 27 mars 2001.
- **Quel jour sommes-nous ?** **Nous sommes le combien**, aujourd'hui ?
- Nous sommes mercredi. – Nous sommes **le** 9.

Remarque : On dit « le premier » (1er) juilllet, mais ensuite, le 2 (« le deux »), le 21 (« le vingt et un »), le 30 (« le trente »).

LA JOURNÉE

le matin – l'après-midi – le soir – la nuit

En été, **il fait jour** à 6 heures ;

en hiver, **il fait nuit** à 17 heures.

- **L'emploi du temps :** *J'ai un rendez-vous mardi matin ; je ne travaille pas vendredi après-midi ; je dîne avec Joël samedi soir.*

1 **Associez une date et une saison.**

a. *en été* – b. *en automne* – c. *au printemps* – d. *en hiver*

1. L'anniversaire d'Anne est le 12 mai. C'est ... ❏

2. L'anniversaire de Michel est le 9 août. C'est ... ❏

3. L'anniversaire de Delphine est le 26 janvier. C'est ... ❏

4. L'anniversaire d'Hélène est le 7 octobre. C'est ... ❏

5. L'anniversaire d'Annie est le 20 mars. C'est ... ❏

6. L'anniversaire de Fabrice est le 20 juillet. C'est ... ❏

7. L'anniversaire de Brigitte est le 5 novembre C'est ... ❏

8. L'anniversaire de Dorothée est le 29 juin. C'est ... ❏

2 **Trouvez la question.**

1. _____ ? • Nous sommes le 28.

2. _____ ? • Nous sommes jeudi.

3. _____ ? • Nous sommes lundi 6 août.

4. _____ ? • Nous sommes le premier.

5. _____ ? • Nous sommes le 13 octobre.

3 **Choisissez la bonne réponse.**

1. Il fait | journée | jour | à 7 h 30.

2. Je ne connais pas l'emploi | du temps | du jour | de Lise.

3. Il fait | soir | nuit |.

4. Nous avons pris | quatorze | quinze | jours de vacances.

5. Nous sommes le | quoi | combien | ?

6. Son anniversaire est le | deux | deuxième | décembre.

7. À 21 heures, il | fait | est | nuit.

4 **Vrai ou faux ?**

	VRAI	FAUX
1. En général, le mardi est un jour ouvrable.	❏	❏
2. Quel jour sommes-nous ? = Il fait jour ?	❏	❏
3. Elle est partie huit jours = Elle est partie une semaine.	❏	❏
4. Il y a douze saisons dans l'année.	❏	❏
5. C'est un jour ouvrable = Ce n'est pas le week-end.	❏	❏
6. Nous sommes en juillet = C'est l'été.	❏	❏

DIRE L'HEURE

Vous avez l'heure ? Quelle heure est-il ? Quelle heure il est* ?
– Il est...

expression usuelle	expression officielle
huit heures	8 h 00 (huit heures) *ou* 20 h 00 (vingt heures)
huit heures et quart	8 h 15 (huit heures quinze) *ou* 20 h 15 (vingt heures quinze)
neuf heures moins le quart	8 h 45 (huit heures quarante-cinq) *ou* 20 h 45 (vingt heures quarante-cinq)
midi	12 h 00 (douze heures)
minuit	0 h 00 (zéro heure)

Remarque : On utilise le système officiel de 24 heures à la radio, à la télévision, pour les rendez-vous, les horaires de train, d'avion : *Le train part à 14 h 47. Mon avion arrive à 20 h 25.*
Dans la vie courante, on utilise le système de 12 heures.
S'il y a un risque de confusion, on ajoute « **du matin** » ou « **du soir** » :
– *À quelle heure est-ce que tu pars ?*   – *À quelle heure tu t'es couché ?*
– *À huit heures du soir.*   – *À trois heures du matin !*

LA DURÉE

J'ai passé...   **un quart d'heure** (= 15 minutes)...
        une demi-heure (= 30 minutes)...
        trois quarts d'heure (= 45 minutes)...
        toute la journée...
        toute la soirée...   **à** étudier le français !

Remarque : Notez l'expression « **passer du temps à faire** quelque chose » : *J'ai **passé** la journée* **à** *lire. Il a **passé** deux heures* **à** *téléphoner.*

QUELQUES OBJETS

une montre

un agenda

un réveil

une pendule

E X E R C I C E S

1 Quelle heure est-il ? Trouvez plusieurs possibilités.

a. _____ b. _____ c. _____ d. _____ e. _____ f. _____

2 Vrai ou faux ? Vérifiez sur l'agenda de Raphaël.

	lundi	mardi	mercredi	jeudi	vendredi	samedi	dimanche
8 h 00							
9 h 00	cours						
10 h 00	d'espagnol						tennis avec Nicolas
11 h 00							
12 h 00					Bibliothèque	Émilie	
13 h 00							
14 h 00							
15 h 00		dentiste		cours			
16 h 00				d'espagnol			cinéma
17 h 00							
18 h 00							
19 h 00							
20 h 00				dîner avec Alain			
21 h 00				et Martine			

VRAI FAUX

1. Raphaël a un rendez-vous mardi après-midi. ☐ ☐

2. Deux après-midi par semaine, Raphaël a un cours d'espagnol. ☐ ☐

3. Le week-end, il voit Émilie. ☐ ☐

4. Il fait du sport dimanche matin. ☐ ☐

5. Il va au cinéma dimanche après-midi. ☐ ☐

6. Mercredi, il passe toute la journée à la bibliothèque. ☐ ☐

7. Il n'a pas de rendez-vous jeudi matin. ☐ ☐

8. Il voit Alain et Martine un soir du week-end. ☐ ☐

3 Associez les phrases de même sens.

1. Il est parti à 6 h 30 du soir.

2. Elle a pris huit jours de vacances.

3. J'ai un rendez-vous à midi.

4. Il est resté trois quarts d'heure à la banque.

5. Il est quatre heures moins le quart.

6. Il est minuit.

a. Il est zéro heure.

b. Il est resté 45 minutes.

c. Il est 15 h 45.

d. Il est parti à 18 h 30.

e. J'ai rendez-vous à 12 h 00.

f. Elle a pris une semaine.

QUELQUES FÊTES ET TRADITIONS

Il y a beaucoup de **jours fériés**, en France (= on ne travaille pas ces jours-là). Il existe des fêtes religieuses et des fêtes civiles.

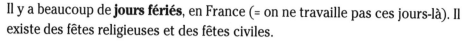

- **À Pâques**, on offre des œufs en chocolat ; **à Noël**, on a **un sapin de Noël** et on offre des cadeaux.

- **Le 1ᵉʳ janvier** (« **le jour de l'An** »), on souhaite « **la bonne année** », on envoie des **cartes de vœux** aux personnes qu'on aime bien.

- **Le 1ᵉʳ mai** (« la fête du Travail »), on offre une fleur (du muguet).
- **Le 14 juillet** (la fête nationale), il y a un défilé militaire, un feu d'artifice et un bal.
- **Le jour des Rois** (le 6 janvier) n'est pas férié, mais on mange un bon gâteau, « **la galette des Rois** ».

QUELQUES EXPRESSIONS DE TEMPS

- Ce matin, **j'ai mis** dix heures en voiture pour aller de Paris à Lyon ! C'est complètement fou ! Normalement, **je mets** cinq heures. En train, **il faut** (= **ça prend**) deux heures **pour aller** de Paris à Lyon.
  - → **mettre du temps** (c'est personnel, ça dépend des circonstances).
  - → **ça prend du temps** = **il faut** (c'est impersonnel, officiel, sûr).

- Benjamin **a rendez-vous** avec Virginie à 19 heures :
  - à 18 h 45, il est **en avance**.
  - à 19 h 00, il est **à l'heure**.
  - à 19 h 15, il est **en retard**.

- Ce matin, Véronique est partie **tôt** de chez elle, elle est partie à 7 heures ; elle va rentrer **tard**, pas avant 11 heures du soir.

- Est-ce que tu **as le temps de** prendre un café avec moi ?
  - Non, excuse-moi, je **suis pressé**, j'ai un rendez-vous !

Remarque : Ne confondez pas :
- *Vous avez l'heure ?*
- *Oui, il est midi et demi.*
- *Vous avez le temps ? Vous avez deux minutes ?*
- *Non, excusez-moi, je suis pressé.*

1   **Quelle fête préparent-ils ?**

1. Nous sommes en décembre, Michel cherche des cadeaux pour _____

2. Elle a préparé trente cartes de vœux pour _____

3. Rosine a acheté une galette des rois pour _____

4. Est-ce que tu as acheté des œufs en chocolat pour _____ ?

5. Je vais offrir du muguet à mon mari pour _____

6. Est-ce que tu vas danser ce soir, au bal du _____ ?

2   **Complétez la conversation téléphonique par les mots suivants.**

prend – tôt – soirée – mis – tard – pressé – en retard – le temps

« Allô ? Juliette ? C'est Thomas. Écoute, je vais être _____ à notre rendez-vous. Je suis parti _____ de chez moi, vers 7 heures. J'ai voulu prendre l'autoroute, mais c'était bloqué, et j'ai _____ une heure et demie pour faire 15 kilomètres ! Oui, je sais, quand on est _____, on prend le train. Oui, en train, ça _____ dix minutes ! J'arrive !

Nous pouvons passer toute la _____ ensemble, si tu veux. Nous avons _____ d'aller au cinéma ! Nous pouvons aller au restaurant plus _____, après le film. D'accord ?

Bisou ! »

3   **Répondez par le contraire des mots en italique.**

1. Est-ce que tu *es pressé* ?   → Non, au contraire, _____

2. Est-ce que tu as mangé *tard* ?   → Non, au contraire, _____

3. Est-ce qu'il fait *nuit* ?   → Non, il _____

4. Est-ce qu'elle est *en avance* ?   → Non, _____

5. Est-ce que c'est un jour *férié* ?   → Non, _____

4   **Choisissez la bonne réponse.**

1. Vous avez l'heure ?

   a. Oui, il est 4 heures.   ❑

   b. Non, je suis pressé.   ❑

2. Il fait jour ?

   a. Oui, nous sommes mardi.   ❑

   b. Non, il fait nuit.   ❑

3. Nous sommes le combien ?

   a. Dix heures.   ❑

   b. Le 7.   ❑

4. Tu es parti tôt ?

   a. Non, je suis parti tard.   ❑

   b. Oui, je suis en avance.   ❑

5. Elle travaille, vendredi ?

   a. Non, c'est un jour férié.   ❑

   b. Non, c'est un jour ouvrable.   ❑

6. Il est toujours en retard ?

   a. Non, il est toujours pressé.   ❑

   b. Non, il est toujours à l'heure.   ❑

L'ÉCOLE – L'ENSEIGNEMENT

LE SYSTÈME SCOLAIRE FRANÇAIS

- **L'école maternelle** = **la maternelle*** (de 3 à 6 ans) : elle n'est pas obligatoire.
- **L'école primaire** (de 6 à 10 ans) : elle est obligatoire.
- **Le collège** (de 11 à 14 ans) : de la 6e à la 3e.
*Mon fils **entre en** 6e. / Ma fille **est en** 4e.*
- **Le lycée** (de 15 à 17 ans) : de la seconde à la terminale.
- **Le lycée technique** (pour apprendre un métier tel que coiffeur, électricien…).

À la fin du lycée, **les élèves passent un examen, le bac[calauréat]**.
Si Paul **a*** son bac (= s'il **est reçu à** son bac), il pourra **aller / entrer à l'université**. Au contraire, s'il **rate*** (= **s'il est recalé à**) son bac, il devra **redoubler sa terminale** (= recommencer l'année).

- **L'université** comprend plusieurs **facultés** : les **étudiants** vont à **la fac*** de médecine, de lettres, de sciences…
- **Les** « **grandes écoles** » (Polytechnique, École normale supérieure, École des mines…) sont plus difficiles que l'université.

- **Où est-ce que vous avez fait vos études ?**
– **J'ai fait mes études** à Strasbourg.
– Vos enfants **vont à quelle école** ?
– Ma fille **va à l'école primaire**, et mon fils **va au collège** Balzac.

Remarque : Écoles, lycées, universités du système public sont gratuits. Écoles et lycées privés sont payants.

LA RENTRÉE

L'**année scolaire** commence en septembre et finit en juin. Le premier jour de l'école s'appelle « **la rentrée scolaire** ». Il y a bien sûr des vacances ; les vacances d'été sont « **les grandes vacances** » (elles durent deux mois !).

Remarque culturelle : En août, beaucoup de Français sont en vacances. « La rentrée » de septembre est donc spectaculaire : pour les écoles, mais aussi pour les entreprises, les politiciens, la vie artistique… On parle de « rentrée politique », « rentrée littéraire »…

1 Où vont-ils ? Complétez.

1. Benjamin a 8 ans, il va à _____

2. Ariane a 20 ans, elle fait des études de maths, elle va à _____

3. Guillaume a 4 ans, il va à _____

4. Joël a 12 ans, il est au _____

5. Madeleine a 17 ans, elle va au _____

6. Luc voudrait être électricien, il va au _____

2 Choisissez la bonne réponse.

1. Elle va passer | son bac | la fac | .

2. Je suis content, j'ai été | reçu | recalé | à l'examen.

3. Il a fait | ses études | ses écoles | à Lyon.

4. Nous sommes en septembre, c'est | l'année | la rentrée | scolaire.

5. Elle a eu son bac, elle va | redoubler sa terminale | entrer à la fac | .

6. Ils ont fini le collège, ils entrent | au lycée | à la fac | .

7. Il est | élève | étudiant | à la fac.

3 Devinez. De quoi parle-t-on ?

1. C'est l'examen à la fin du lycée. C'est le _____

2. C'est une école qui n'est pas obligatoire. C'est la _____

3. Elle commence en septembre et finit en juin. C'est l' _____

4. C'est plus difficile qu'une université. C'est une _____

5. C'est la dernière classe du lycée. C'est la _____

6. C'est le premier jour de l'école. C'est la _____

7. Ce sont les vacances d'été. Ce sont les _____

4 Complétez par un verbe approprié.

1. Elle doit _____ sa terminale parce qu'elle a _____ son bac.

2. Où est-ce que tu as _____ tes études ?

3. Ma fille _____ en 5e en septembre.

4. Les étudiants _____ à la fac.

5. Marie a _____ son bac, elle peut _____ à l'université.

6. Le petit Richard _____ à l'école primaire.

LES COURS

Dans **une salle de classe**, il y a **une classe** (composée de tous **les élèves**) et **un professeur** (**un prof***). Tous **sont en classe**.

■ **L'élève**	■ **Le professeur (le / la prof*)**
apprend, étudie… sa leçon	**enseigne**… (le / la) **l'histoire**
a un cours de… français	**a** un cours
prend des cours (de) d'… **allemand**	**donne** des cours
suit des cours (d') de… **philosophie**	**fait** un cours
assiste à un cours (d') de… **géographie**	
fait un exercice (d') de… **maths**	**donne** un exercice (d') de… maths
fait… **des devoirs**	**corrige des copies**
passe… un examen	corrige un examen

- Clément est **un bon élève**, il **a de bonnes notes**. Au contraire, Quentin est **un mauvais élève**, il a eu **une mauvaise note en** géographie. C'est normal, il n'**apprend** jamais **sa leçon** !

Remarque grammaticale : « Professeur » est toujours masculin, mais on dit « la prof*… de maths ». On dit « un » ou « une » élève.

- Quelles **matières** est-ce que tu préfères ?
Clément : – J'aime bien **le** français, **l'**histoire et **l'**anglais.
– Tu es **bon en** français ?
Clément : – Oui, assez. Je suis bon dans certaines matières : en histoire, par exemple, mais je suis **mauvais en** mathématiques.
– **Qu'est-ce que tu étudies**, **en** histoire ?
Clément : – J'étudie l'histoire de l'Europe au XVIIe siècle.

- Isabelle **fait*** une école de commerce. Au cours de ses études, elle doit **faire un stage** dans une entreprise. À la fin de ses études, elle **aura** (= obtiendra) **un diplôme**.

- Benoît, qui est **étudiant** (à l'université), **a une bourse d'études** (une somme d'argent pour payer ses études).

1   **Dites si la personne est professeur ou élève.**

	PROFESSEUR	ÉLÈVE
1. Viviane a beaucoup de devoirs à faire.	❑	❑
2. Gabriel prend des cours de chimie.	❑	❑
3. Mathilde enseigne la musique.	❑	❑
4. Anne corrige des copies.	❑	❑
5. Damien passe un examen.	❑	❑
6. Laurent fait un exercice de physique.	❑	❑
7. Cécile donne des cours d'économie.	❑	❑

2   **Choisissez les termes possibles.**

1. Il a | une bourse | en terminale | un cours | au lycée | son bac | une bonne note | .

2. Elle fait | un examen | une école de coiffure | un exercice | à la maternelle | ses devoirs | un cours |
| des études de médecine | .

3. Il est | en terminale | bon élève | un cours | étudiant | en classe | un diplôme | .

4. Il étudie | une mauvaise note | la rentrée | sa leçon | un exercice | la géographie | .

5. Elle va | à la fac | un stage | en français | à la maternelle | au lycée | .

3   **Choisissez la bonne réponse.**

1. Quelle matière est-ce que tu aimes ?
   a. En maths. ❑
   b. Les maths. ❑

2. Il est bon élève ?
   a. Oui, il a de bonnes notes. ❑
   b. Oui, il passe un examen. ❑

3. Tu as des devoirs à faire ?
   a. Oui, je donne un exercice d'anglais. ❑
   b. Oui, j'ai un exercice d'anglais. ❑

4. C'est quand, la rentrée ?
   a. Le 3 juin. ❑
   b. Le 3 septembre. ❑

5. Elle a eu une bonne note ?
   a. Oui, parce qu'elle a son diplôme. ❑
   b. Non, parce qu'elle n'a pas appris sa leçon. ❑

6. Il a eu son bac ?
   a. Oui, il a passé son bac. ❑
   b. Non, il a raté son bac. ❑

4   **Éliminez l'intrus.**

1. suivre / corriger / assister

2. examen / diplôme / note

3. matières / devoirs / exercices

4. apprendre / étudier / passer

5. élève / étudiant / leçon

17 LES PROFESSIONS

LE NOM DES PROFESSIONS

Il n'y a pas de règle pour la formation du nom des professions.
On doit seulement les apprendre! Voici quelques professions courantes.

• Dans **une entreprise** (= une société) : **un(e) secrétaire**, **un(e) comptable**,
un(e) « commercial(e) », **un(e) technicien(ne)**, **un(e) informaticien(ne)** (= un
ingénieur en informatique) travaillent pour leur **chef**.

• **Un(e) architecte** dessine les plans de la maison ; **un
plombier** et **un électricien** travaillent dans la maison ;
dans beaucoup d'immeubles parisiens, il y a **un(e)
gardien(ne)**.

• **Un instituteur (une institutrice)** enseigne aux
enfants dans une école primaire ; **un professeur** enseigne dans un lycée, dans une université...
(voir chapitre 16)

• Dans **un restaurant**, **un serveur** ou
une serveuse servent **les clients** à table.

• **Un(e) avocat(e)** défend un accusé **au tribunal**.

• Dans **un hôpital**, **le médecin** et **les infirmières** travaillent avec **les patients** (= **les malades**) ;
le chirurgien fait les opérations chirurgicales.

• Gérard Depardieu est **un acteur** célèbre, Jeanne Moreau est **une** grande **actrice**. Jacque Brel
est **un** grand **chanteur**, Edith Piaf est **une chanteuse** très connue.

• **Un(e) journaliste** travaille pour un journal, la télévision, la radio.

• Dans **un magasin** : **un(e) commerçant(e)**, **un vendeur**, **une
vendeuse** servent des **clients**. (voir chapitre 12)

• **Un pilote**, **une hôtesse de l'air** travaillent dans un avion ;
la voiture est réparée par **un mécanicien (un garagiste)** ;
un chauffeur de taxi conduit ses clients à destination.

1 Associez un nom de profession et un verbe.

1. professeur	**a.** réparer
2. chanteur	**b.** vendre
3. serveuse	**c.** défendre
4. vendeur	**d.** enseigner
5. mécanicien	**e.** chanter
6. avocat	**f.** servir

2 Éliminez l'intrus.

1. instituteur / professeur / serveur

2. infirmière / architecte / médecin

3. plombier / ingénieur / électricien

4. journaliste / commercial / comptable

5. pilote / hôtesse de l'air / secrétaire

6. vendeur / acteur / chanteur

7. technicien / avocat / informaticien

3 Vrai ou faux ?

	VRAI	FAUX
1. Un serveur est un informaticien.	❑	❑
2. Un instituteur enseigne dans une université.	❑	❑
3. Une vendeuse travaille dans un magasin.	❑	❑
4. Un gardien dessine les plans d'une future maison.	❑	❑
5. Une secrétaire travaille dans une entreprise.	❑	❑
6. Une hôtesse de l'air travaille dans un avion.	❑	❑

4 Devinez qui parle. Choisissez parmi les professions suivantes :

pilote d'avion – chauffeur de taxi – médecin – journaliste – commercial – secrétaire – avocate – vendeuse – serveuse – chanteuse

1. « Mon client passe devant le tribunal jeudi. » → une _____

2. « Mon patient doit rester à l'hôpital une semaine. » → un _____

3. « Mon client voudrait un steak-frites et une salade. » → une _____

4. « J'ai tapé une lettre pour mon chef. » → une _____

5. « Mon client veut aller à la gare Saint-Lazare. » → un _____

6. « Je dois donner mon article au journal avant 16 h. » → une _____

LA FORME FÉMININE DES NOMS

Pour la forme féminine des noms de profession, il existe plusieurs cas.

- Si la forme féminine existe usuellement : soit on ajoute un « e » au nom masculin (**une** commerçant**e**, **une** avocat**e**), soit la terminaison change (un acteur → **une** act**rice** ; un serveur → **une** serv**euse**).
- Si le métier est traditionnellement masculin, le nom ne change pas : *Agathe est ingénieur, professeur, pilote…* Ou encore : *C'est une femme chauffeur de taxi.* (Ce sujet provoque des discussions passionnées parmi les féministes !)
- Pour certains noms de profession, l'article est au féminin, mais le nom ne change pas : un(**e**) journaliste ; un(**e**) secrétaire.

AVOIR UN TRAVAIL OU NON

- Le pauvre Denis est **chômeur**, il est **au chômage**, il **a perdu son travail** et il cherche **un** nouvel **emploi**. Patricia aussi est **chômeuse**.

- Fabrice est **stagiaire** dans une entreprise (il fait ses études et il **fait un stage** de deux mois : il travaille dans l'entreprise pour avoir une expérience professionnelle). Irène aussi est **stagiaire**, elle travaille dans **un bureau** d'assurances.

- Georges est **retraité**, il est **en retraite**, il a arrêté de travailler : il a plus de 65 ans.

QUESTIONS SUR LA PROFESSION

- **Quelle est votre profession ?** (*langue administrative*)
– Je suis dentiste ; je suis étudiante. (Et non : je suis ~~un~~ dentiste, ~~une~~ étudiante.)

- **Qu'est-ce que vous faites ? Qu'est-ce que vous faites dans la vie ?**
– Je travaille dans l'informatique, je suis programmeur.

- **Vous travaillez dans quel domaine ? Vous travaillez dans quoi* ?** (*langue familière*)
– Je travaille dans les télécommunications, je suis ingénieur.

Remarque culturelle : Quand on ne connaît pas bien une personne, les questions sur la profession sont courantes, mais ne sont pas directes. On utilise souvent l'expression : « **Vous travaillez dans quoi* ?** »

E X E R C I C E S

1 **Complétez le tableau en donnant la forme féminine des professions suivantes.**

commercial – serveur – instituteur – acteur – journaliste – vendeur – avocat – agriculteur – commerçant – comptable – ingénieur – chanteur

-euse	-ice	-e	pas de différence
_____	_____	_____	_____
_____	_____	_____	_____
_____	_____	_____	_____

2 **Replacez les expressions suivantes dans les dialogues.**

un emploi – la vie – profession – faites – en retraite – professeur – au chômage – dans quel domaine

1. – Vous travaillez _____ ?

   – Je travaille dans l'informatique.

   – Et qu'est-ce que vous _____ ?

   – Je suis technicien en informatique.

2. – Qu'est-ce que vous faites, dans _____ ?

   – Malheureusement, je suis _____ , je cherche un emploi.

   – Vous cherchez _____ dans quel domaine ?

   – Dans les télécommunications.

3. – Vous travaillez ?

   – Non, c'est fini, j'ai déjà 68 ans !

   – Vous êtes content d'être _____ ?

   – Oui et non ! J'aimais beaucoup ma _____ .

   – Qu'est-ce que vous faisiez ?

   – J'étais _____ d'histoire.

3 **Complétez.**

1. Louis a 70 ans, il ne travaille plus, il est _____ .

2. Thierry sert les clients dans un restaurant, il est _____ .

3. Sarah enseigne dans une école primaire, elle est _____ .

4. Benoît fait ses études et il travaille dans une grande entreprise pour 6 mois. Il est

   _____ .

5. Eric a perdu son travail, il est _____ .

6. Laurence défend son client devant le tribunal, elle est _____ .

18 LA TECHNOLOGIE – LES MÉDIAS

L'INFORMATIQUE

■ L'ordinateur

• «L'informatique» désigne tout ce qui est en relation avec l'ordinateur.

*Colette est **informaticienne**.*
*Est-ce que vous **travaillez sur*** **informatique**?*
*Notre entreprise est **informatisée**, maintenant.*
*Il y a des problèmes dans **le système informatique**.*

Remarque culturelle : Attention à l'usage du mot «PC» (**p**ersonal **c**omputer), qui, pour la plupart des Français, signifie encore «**P**arti **C**ommuniste»!

■ Internet

• La société de Solange **a ouvert un site** Internet. Solange travaille **sur** Internet ; elle a **une adresse électronique**, elle peut donc **envoyer** et **recevoir un courrier électronique** («un E-mail» – prononcé «i-mèïl»). Tous les matins, elle **consulte sa messagerie** et **ouvre** ses courriers électroniques.

LE TÉLÉPHONE

– Est-ce que tu as **un téléphone mobile** (= un **portable***)?
– Non, j'ai seulement un téléphone fixe.
– Mais tu as **un répondeur**?
– Oui, bien sûr, tu peux **me laisser un message sur** mon répondeur. Et toi?
– Moi, tu peux me **joindre** (= contacter) **sur** mon portable*. C'est plus facile.
– Est-ce que **ton mobile*** est toujours **allumé**?
– Non, il est souvent **éteint**, je ne veux pas qu'il **sonne**!
*Nous vous demandons d'**éteindre** vos portables pendant le concert!*

Remarque sociologique : Le téléphone mobile a un très grand succès en France : fin 2001, plus de 50 % des personnes avaient un portable.

E X E R C I C E S

1 **Choisissez une réponse possible.**

1. Tu travailles sur informatique ?

   a. Oui, j'ai un mobile. ❑

   b. Oui, j'ai un ordinateur. ❑

2. Je peux envoyer un courrier électronique à Léa ?

   a. Oui, car elle a une adresse électronique. ❑

   b. Oui, car elle a une imprimante. ❑

3. Est-ce que ton mobile est éteint ?

   a. Oui, il sonne. ❑

   b. Non, il est allumé. ❑

4. Où est-ce que je peux joindre Antoine ?

   a. Sur son courrier. ❑

   b. Sur son portable. ❑

5. Tu as un problème d'informatique ?

   a. Oui, mon écran ne marche pas. ❑

   b. Oui, mon mobile ne marche pas. ❑

6. Est-ce que tu as reçu mon message ?

   a. Non, mon répondeur ne marche pas. ❑

   b. Oui, j'ai une messagerie. ❑

2 **Quel(s) objet(s) conseillez-vous à ces personnes ?**

1. Laure voyage pour ses vacances, mais elle veut être en contact avec sa famille.

2. Bruno doit écrire des textes compliqués.

3. Bertrand veut travailler à la maison ou à son bureau.

4. Viviane doit imprimer une lettre.

5. Carine doit communiquer avec des clients dans quinze pays différents.

6. Irène est fatiguée, elle ne veut pas répondre au téléphone.

7. Blaise écrit des livres et aime voyager.

8. Gilles téléphone souvent, mais il voyage beaucoup.

a. un répondeur

b. un téléphone mobile

c. un ordinateur

d. un ordinateur portable

e. une imprimante

3 **Complétez cette lettre avec les mots suivants.**

électroniques – ordinateur – informatique – sonne – éteindre – téléphone mobile – envoyer

Chère Annie,

Voilà, finalement j'ai acheté un _____ . Je voyage tout le temps, c'est plus pratique pour téléphoner. Le problème, c'est qu'il _____ tout le temps. Je crois que je vais l' _____ plus souvent.

J'ai déjà un _____ portable, je peux donc travailler dans l'avion ou le train, c'est très commode. Je peux recevoir ou _____ des courriers _____ , c'est fantastique !

Le seul problème : je travaille tout le temps, je ne peux pas arrêter… J'aimerais être seule, tranquille, sans matériel _____ , mais c'est impossible à réaliser !

Je t'embrasse !

Chloé

LES MÉDIAS

■ La vidéo et la hi-fi

• Gilles est passionné de technologie. Il a **une** belle **télévision** et **un magnétoscope**, pour regarder des **cassettes vidéo**. Il va bientôt acheter **un lecteur de DVD**.

• Sur **sa chaîne hi-fi**, il peut écouter **des disques compacts** (des CD) ; il a bien sûr **un magnéto[phone]**, pour écouter **des cassettes audio** (des K7).

■ La télévision et la radio

• Frédéric **allume la télé*** quand il rentre à la maison : il **regarde le journal télévisé**, tous les soirs à 20 heures. Ensuite, il choisit entre **un documentaire** (= **un reportage**) et **un téléfilm**. Frédéric **éteint** la télé vers 23 heures.

• Chantal préfère la radio : dans sa voiture, elle écoute **des émissions sur** différents sujets. Elle écoute aussi **les informations** (= **les nouvelles**) et **la météo**.

CHANTAL : – *Je n'aime pas la télé. Il y a trop de **publicités** et peu d'émissions intéressantes.*
FRÉDÉRIC : – *Moi, j'adore la télé. Le dimanche, je regarde souvent **un match** et le soir, un bon film.*

Remarque culturelle : Il existe des **stations de radio** publiques : « France-Infos », « Radio France Internationale », « France-Culture » ; et des radios privées « Radio classique »… C'est la même chose pour la télévision : il existe des **chaînes** publiques (« France 2 ») ou privées (« TF1 », « Arte »).

■ La presse écrite

• Tous les matins, Alain achète **un journal au kiosque à journaux**. Il lit surtout **les articles** économiques.

• Diane, elle, achète **un magazine féminin** chez le **marchand de journaux**. Elle regarde **les publicités** et **les photos de mode** (= les vêtements).

• Lucie **est abonnée à une revue** de géographie : elle reçoit cette revue à la maison une fois par mois. Elle a **un abonnement** pour un an.

1 **Complétez par les mots suivants.**

un magnétoscope – éteint – abonnés – stations – le journal – la télévision – vidéo – une émission

1. Nous regardons un documentaire à _____ .

2. Je lis un article dans _____ .

3. Il a acheté _____ pour regarder une cassette _____ .

4. Ils sont _____ à un magazine spécialisé en informatique.

5. J'ai vu _____ intéressante à la télé, hier soir.

6. Elle _____ la télévision quand elle va au lit.

7. Il y a beaucoup de _____ de radio.

2 **Vrai ou faux ?**

	VRAI	FAUX
1. J'éteins la télévision pour la regarder.	❑	❑
2. Il a un magnétoscope pour regarder des cassettes vidéo.	❑	❑
3. Je peux écouter les informations à la radio.	❑	❑
4. Elle allume un magazine féminin.	❑	❑
5. Nous achetons un journal au kiosque.	❑	❑
6. Il est abonné à une émission.	❑	❑
7. Il y a un journal télévisé le soir.	❑	❑

3 **Associez.**

1. Pour regarder une cassette vidéo, il faut…   a. une télévision.

2. Pour écouter un disque compact, il faut…   b. un magnétophone.

3. Pour imprimer un document, il faut…   c. une radio.

4. Pour envoyer un courrier électronique, il faut…   d. un magnétoscope.

5. Pour regarder un documentaire, il faut…   e. une chaîne hi-fi.

6. Pour écouter une cassette audio, il faut…   f. un ordinateur.

7. Pour écouter la météo, il faut…   g. une imprimante.

4 **À vous !**

1. Est-ce que vous utilisez l'informatique ? _____

2. Est-ce que vous avez un téléphone mobile ? Pourquoi ? _____

3. Est-ce que vous regardez la télévision ? Pourquoi ? _____

4. Est-ce que vous lisez un journal, un magazine ? Lequel ? _____

5. Est-ce que vous êtes abonné(e) à un journal, un magazine ? Pourquoi ? _____

19

L'ARGENT – LA BANQUE

LA MONNAIE

- En France, jusqu'au 1er janvier 2002, la monnaie était **le franc**. Maintenant, en France et dans plusieurs pays d'Europe, **la monnaie** est l'**euro** (€). **La valeur** de l'euro est de 6, 55957 francs.

- Il existe des **pièces de** 1, 2, 5, 10, 20 et 50 **cent(ime)s d'euro** ; il y a aussi des pièces de 1 et 2 euros. Il existe **des billets de** 5, 10, 20, 50, 100, 200 et 500 euros. On met les pièces dans **un porte-monnaie**, et les billets dans **un portefeuille**.

un billet **de** 5 €

une pièce **de** 1 €

- « **La monnaie** », ce sont aussi les petites pièces.

– *Une baguette, s'il vous plaît.*
– *Voilà : 0,76 €, monsieur.*
– *Je suis désolé, **je n'ai pas de monnaie**, j'ai seulement un billet de 10 €.*

- Nicolas a donné 10 €. La vendeuse **rend la monnaie** : elle donne 9,24 €.

L'ARGENT

- Étienne **a beaucoup d'argent**, il est **riche** (≠ **pauvre**).
– Combien est-ce qu'il **gagne** ?
– Je ne sais pas, mais il « **gagne bien sa vie** ».

Remarques : **1.** Ne confondez pas : « avoir de l'argent » et « avoir de la monnaie ». *Il est millionnaire, il a beaucoup d'argent, mais il n'a pas de monnaie pour payer le parking.*
2. L'argent est aussi le nom d'un métal. *Un couteau en argent, un bijou en argent.*

E X E R C I C E S

1   **Devinette. De quoi parle-t-on ?**

1. C'est la monnaie européenne. C'est _____

2. Dans cet objet, on met les pièces. C'est _____

3. Il y en a 100 dans 1 €. C'est _____

4. C'est l'ancienne monnaie française. C'est _____

5. Mes billets sont dans cet objet. C'est _____

6. Julien a besoin d'une de 1 €. C'est _____

2   **Vrai ou faux ?**

                       VRAI   FAUX

1. Il existe des billets de 3 €.   ❑   ❑

2. Je mets un billet de 100 € dans mon portefeuille.   ❑   ❑

3. Elle n'a pas de monnaie = elle n'a pas de pièces pour acheter une baguette.   ❑   ❑

4. Il y a 100 F dans un euro.   ❑   ❑

5. Ils sont pauvres = ils n'ont pas d'argent.   ❑   ❑

6. Elle gagne bien sa vie = elle a beaucoup de monnaie.   ❑   ❑

7. L'argent est un métal.   ❑   ❑

3   **Associez, pour constituer une phrase complète.**

1. Elle gagne bien   **a.** d'argent.

2. Il rend   **b.** riches.

3. Ils ont beaucoup   **c.** 2 €.

4. Vous avez un joli   **d.** sa vie.

5. J'ai deux pièces de   **e.** portefeuille.

6. Ils sont millionnaires, ils sont   **f.** la monnaie.

4   **Identifiez et corrigez l'erreur.**

1. Je n'ai pas d'argent, j'ai seulement un billet de 50 €.

2. Ils sont riches, ils ont beaucoup de monnaie.

3. Nous avons donné 20 €, et la vendeuse nous rend l'argent.

4. Catherine Deneuve est une star, elle gagne bien son travail.

5. L'argent européen est l'euro.

6. Est-ce que vous avez une pièce de 200 € ?

AU GUICHET AUTOMATIQUE

Pour **retirer** = **prendre** de l'argent **de mon compte**, je vais au **distributeur de billets** (= au **guichet automatique**) et j'utilise **ma carte bancaire**.

– « retrait d'argent »

– introduisez votre carte
– composez (= tapez) votre code secret,
  puis validez
– choisissez un montant (20 € ? 30 € ?)
– veuillez patienter
  (= attendez, s'il vous plaît)
– désirez-vous un ticket ?
  1. oui – 2. non
– vous pouvez retirer votre carte
– prenez vos billets
– merci de votre visite
– en cas de perte ou de vol…

Remarque : Les Français appellent familièrement la carte bancaire « la carte bleue ».

À LA BANQUE

• Dans une banque, on peut **avoir**, **ouvrir** (≠ **fermer**) **un compte courant**.
– *J'ai un compte **à** la BNP.*
– *Quel est votre **numéro de compte** ?*

• Si on a trop **dépensé**, on a **acheté** plus que possible, le compte est
à découvert = le compte est **en rouge***, il est **débiteur** (≠ **créditeur**).

• Christian n'a pas beaucoup d'argent, mais il voudrait acheter une moto.
Il doit **faire des économies** = il doit **économiser** de l'argent = il doit **mettre**
de l'argent **de côté**, par exemple **sur un compte d'épargne**.
Si tu mets 100 € de côté tous les mois, tu pourras t'offrir cette moto !

E X E R C I C E S

1 Éliminez l'intrus.

1. compte courant / carte bancaire / compte d'épargne

2. billet / pièce / ticket

3. guichet / porte-monnaie / distributeur

4. dépenser / mettre de côté / économiser

5. compte / carte bancaire / carte bleue

6. à découvert / courant / débiteur

7. euro / argent / franc

2 Dites le contraire des mots en italique.

1. Elle est *pauvre*. → _____

2. Il *ferme* son compte courant. → _____

3. Elle ne peut pas *dépenser* beaucoup. → _____

4. Son compte est *créditeur*. → _____

3 Devinette.

1. Qu'est-ce qui est *bleu* ? C'est _____

2. Qu'est-ce qui est *automatique* ? C'est _____

3. Qu'est-ce qui peut être *en rouge* ? C'est _____

4. Qu'est-ce qui peut être *courant* ? C'est _____

5. Qu'est-ce qui est *secret* ? C'est _____

6. Qu'est-ce qui peut être *créditeur* ? C'est _____

4 Choisissez le verbe correct.

1. Ils | ont | ferment | sont | beaucoup d'argent.

2. Nous allons au distributeur pour | avoir | prendre | mettre | de l'argent.

3. Elle voudrait acheter une voiture, alors elle | met | prend | rend | de l'argent de côté.

4. Tu dois | prendre | faire | ouvrir | des économies, si tu veux une nouvelle télévision !

5. Il a 18 ans, il a enfin | ouvert | acheté | composé | un compte courant.

6. Le vendeur nous a | retiré | dépensé | rendu | la monnaie.

7. Vous pouvez | introduire | composer | prendre | votre code secret.

LES OPÉRATIONS BANCAIRES

• Pour **déposer** (= **verser**) de l'argent **sur** un compte, on doit généralement **remplir un formulaire** (= un papier).
– *Vous voulez **faire un versement** de combien ?*
– *Un versement **de** 300 €.*

• Si on veut **faire un achat** important, acheter une maison par exemple, on peut **emprunter** de l'argent **à** la banque : la banque **prête** de l'argent. La banque propose **un crédit** = **un prêt** à 5,7 %.

– *Pour acheter ma voiture, j'ai **fait un emprunt**. Tous les mois, je dois **rembourser** mon emprunt. **Le remboursement** sera fini dans deux ans.*

– *Est-ce que tu peux me **prêter** 200 € ? Je te **rembourserai** le mois prochain.*

• On peut **payer** (= **régler**) **les factures** par **prélèvement automatique**. Par exemple, quand je paye ma facture d'électricité, EDF (= Électricité de France) **prélève** (= prend) **une somme de** mon compte tous les mois.
On peut aussi payer par **chèque** : on **fait** un chèque **à** quelqu'un.

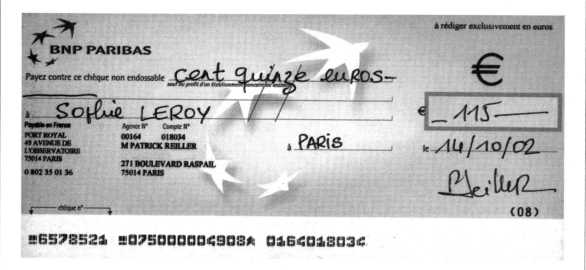

– *Vous payez comment ? **Par** chèque, par carte bleue ou **en espèces** (= **en liquide***) ?*
– *Par chèque.*
– *Ne **remplissez** pas votre chèque, c'est la machine qui le fait.*
– *Oh zut, j'ai oublié mon **chéquier** (= mon **carnet de chèques**) !*

E X E R C I C E S

1 Choisissez les mots corrects.

Vincent peut faire :

un achat / un compte / un emprunt / un versement / un chéquier / un chèque / des espèces / un guichet automatique.

2 Qu'est-ce que ces personnes doivent faire ?

Exemple :

Benoît voudrait acheter un appartement, mais il n'a pas assez d'argent. Il doit *emprunter de l'argent à la banque*.

1. Aude a emprunté 200 € à des amis. Elle doit _____

_____

2. Odile doit payer ses factures de téléphone, mais elle ne veut pas faire un chèque tous les mois. Elle doit

_____

_____

3. Grégoire a besoin d'espèces et il a une carte bancaire. Il doit _____

_____

4. Baptiste voudrait partir en vacances avec des amis, mais ses parents ne veulent pas payer. Il doit _____

_____

5. Bertrand doit régler ses achats au supermarché. Il n'a pas de carte bancaire, et il n'a pas assez de liquide.

Il doit _____

_____

3 Trouvez un synonyme des mots suivants.

1. un compte *débiteur* → _____

2. *payer* → _____

3. *en espèces* → _____

4. *économiser* → _____

5. *prendre* de l'argent → _____

6. *déposer* de l'argent → _____

7. un *chéquier* → _____

4 Trouvez le nom qui correspond aux verbes suivants.

1. acheter → un *achat*

2. verser → un _____

3. rembourser → un _____

4. emprunter → un _____

5. prêter → un _____

6. prélever → un _____

20

LA POSTE – LES SERVICES – L'ADMINISTRATION

LA POSTE

• Bonjour, madame, je voudrais **envoyer un paquet** en Argentine, s'il vous plaît.

– Oui, monsieur, **en prioritaire** ou **en économique** ?

– Prioritaire, s'il vous plaît. Je voudrais aussi **un carnet de timbres**
(= 10 timbres) et 5 timbres **pour** les États-Unis, des timbres **à** 0, 67 €.

• Mon chéri, est-ce que **le facteur est passé** ?

– Oui, **le courrier est passé**. Tu **as** du courrier.

– Voyons… **Une lettre** d'Annie, **une carte postale** de Brigitte et beaucoup de **publicités** ! Et toi ?

– Moi, j'**ai** enfin **reçu le colis** (= le paquet) de ma mère.

l'adresse de **l'expéditeur**   l'adresse du **destinataire**
le tampon de la poste   le code postal

• C'est l'anniversaire de Lise, je vais lui envoyer une petite carte.
Je dois la **poster** (= mettre dans **la boîte aux lettres**) avant 17 heures, sinon elle arrivera trop tard.

Remarque : L'expression « boîte aux lettres » désigne aussi bien la boîte personnelle, à la maison, où l'on reçoit le courrier que l'endroit où l'on poste le courrier.

• Je cherche le numéro de téléphone et l'adresse d'un restaurant. Je peux **consulter l'annuaire** ou **le minitel**.

• La poste a aussi **un service bancaire**. On peut **ouvrir un compte bancaire** [voir chapitre 19] à la poste.

Remarque : Dans un bureau de tabac à Paris, on peut acheter… des timbres, une carte de téléphone, des tickets de métro et de bus. Mais si vous voulez acheter des enveloppes, vous devez aller dans une papeterie ou un supermarché.

1   **Éliminez l'intrus.**

1. poster / envoyer / recevoir

2. lettre / paquet / colis

3. adresse / poste / code postal

4. expéditeur / destinataire / facteur

5. annuaire / carnet / minitel

6. colis / tampon / timbre

7. prioritaire / économique / postal

2   **Vrai ou faux ?**

	VRAI	FAUX
1. On peut envoyer un paquet en prioritaire.	❑	❑
2. Un carnet de timbres contient cinq timbres.	❑	❑
3. Il a posté le courrier = il a reçu une lettre.	❑	❑
4. On peut ouvrir un compte bancaire à la poste.	❑	❑
5. J'ai du courrier = j'ai reçu du courrier.	❑	❑
6. On met les lettres dans la boîte aux lettres.	❑	❑
7. Le facteur est passé = le courrier est passé.	❑	❑

3   **Associez, pour constituer de mini-dialogues.**

1. Je voudrais envoyer une lettre au Canada.

2. Est-ce que le facteur est passé ?

3. Tu as reçu du courrier ?

4. Je n'ai pas le numéro de téléphone du restaurant.

5. Tu as envoyé le paquet ?

6. Est-ce que tu as des timbres ?

a. Tu peux chercher dans le minitel.

b. Non, il faut que j'achète un carnet.

c. En prioritaire ?

d. Non, mais je vais le poster aujourd'hui.

e. Non, il n'est pas encore passé.

f. Oui, une lettre de Michel.

4   **Complétez par un verbe approprié.**

1. J'ai _____ une carte postale à mes amis.

2. En général, le courrier _____ vers 10 heures le matin.

3. Est-ce que vous avez _____ un paquet de votre frère ?

4. Je dois _____ l'annuaire pour trouver le numéro de téléphone de Luc.

5. Tu dois _____ ta lettre avant 18 heures.

6. Il voudrait _____ un compte bancaire à la poste.

LES SECOURS

• S'il y a **un feu** ou **un accident de la route**, on appelle **les pompiers** (numéro de téléphone : 18).

• Quand on a un grave problème médical, on appelle **le SAMU**, le service médical d'**urgence** (numéro de téléphone : 15).

• Pour les problèmes de **sécurité**, si on **est en danger**, on appelle **la police** (le 17).

Pierre **s'est fait voler** son portefeuille.
Le voleur s'est enfui, mais **la victime** est allée **au commissariat de** police, pour **faire une déposition** (= pour **déclarer le vol**).

Remarque : Le mot « victime » est toujours féminin. *Paul est une victime.*

L'ADMINISTRATION

■ La mairie

On va à la mairie pour **déclarer une naissance** (un bébé), **un décès** (†), pour **se marier**. On peut aussi **obtenir des renseignements** sur les écoles maternelles et primaires, **les activités sportives** ou **éducatives**, sur **les aides sociales**, etc.

On doit trouver **le** bon **guichet**, ensuite **faire la queue**. Finalement, on **remplit** ou on obtient **les papiers** nécessaires.

Quelquefois, on doit **faire des photocopies** de certains **documents**. L'ensemble des documents constitue **un dossier**.

■ Les impôts

On doit **payer** au **fisc les impôts** et **les taxes**. Chaque année, en mars, on doit **remplir une déclaration d'impôts sur le revenu**.

■ La Sécurité sociale

La Sécurité sociale rembourse les médicaments et les soins médicaux.

1 Qu'est-ce que ces personnes doivent faire ?

1. Léon voit un accident de la route.

→ Il doit _____

2. Gilles voudrait des renseignements sur le football dans sa ville.

→ Il doit _____

3. Raphaël s'est fait voler sa voiture.

→ Il doit _____

4. Isabelle ne connaît pas les écoles de sa ville.

→ Elle doit _____

5. Frédéric voit une maison en feu.

→ Il doit _____

6. Marius a un problème cardiaque.

→ Il doit _____

7. Cécile et Bruno vont se marier.

→ Ils doivent _____

2 Vrai ou faux ?

	VRAI	FAUX
1. On paye ses impôts à la mairie.	❏	❏
2. On fait une déposition à la police.	❏	❏
3. Les pompiers s'occupent de la sécurité.	❏	❏
4. On fait une déclaration d'impôts en septembre.	❏	❏
5. On déclare une naissance aux pompiers.	❏	❏
6. On appelle les pompiers quand il y a un accident de la route.	❏	❏
7. On peut aller à la mairie pour obtenir des renseignements.	❏	❏

3 Éliminez l'intrus.

1. papiers / documents / renseignements

2. vol / pompiers / déposition

3. impôts / fisc / police

4. secours / guichet / administration

5. pompiers / Sécurité sociale / SAMU

6. fisc / voleur / victime

21 LA GÉOGRAPHIE LES NATIONALITÉS

LE MONDE

La Terre
un continent
une île

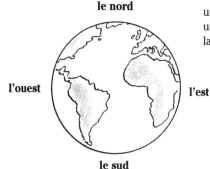

le nord

l'ouest   l'est

le sud

un océan (l'Atlantique, le Pacifique)
une mer (la Méditerranée)
la côte

La Suède se trouve **au** nord **de** l'**Europe**. La Pologne se trouve **à** l'est **de** l'Europe.

LE CIEL

une étoile

le ciel

la Lune

le Soleil

le **lever de** soleil ≠ le **coucher de** soleil
Il y a un beau coucher de soleil, ce soir.

LES CONTINENTS

L'Amérique du Nord : les États-Unis et le Canada
L'Amérique du Sud : le Brésil, le Chili, la Colombie, le Venezuela…
L'Océanie : l'Australie, la Nouvelle-Zélande…
L'Asie : la Chine, le Japon, le Vietnam, la Thaïlande, l'Indonésie…
L'Afrique : le Maroc, le Sénégal, le Kenya, la Côte d'Ivoire…
L'Europe : voir page 110.
L'Occident (= l'Ouest) ≠ **L'Orient** (= l'Est) / **être occidental** ≠ **être oriental**

Remarques : **1.** « Mike est américain » signifie que Mike vient des États-Unis. Sinon, on précise :
« Il est canadien, argentin, mexicain, chilien, brésilien… » – **2.** Malheureusement, il est
impossible de citer ici le nom de tous les pays du monde…

1 Choisissez la bonne réponse.

1. Dans le ciel, il y a des milliers d' | étoiles | îles |.

2. Ce matin, il y a un magnifique | coucher | lever | de soleil.

3. L'Europe est un | continent | pays |.

4. Le Pacifique est | une mer | un océan |.

5. J'habite en Europe, dans un pays | oriental | occidental |.

6. L'Irlande est | un continent | une île |.

2 Vrai ou faux ?

	VRAI	FAUX
1. L'Océanie est une île.	❏	❏
2. Le Canada est en Amérique du Nord.	❏	❏
3. Le Japon est un pays oriental.	❏	❏
4. Le Chili est un pays d'Europe.	❏	❏
5. Il y a trois pays en Australie.	❏	❏
6. L'Afrique est un pays.	❏	❏
7. La Chine est un pays d'Orient.	❏	❏

3 Éliminez l'intrus.

1. mer / continent / océan

2. Europe / Nord / Sud

3. Amérique / Océanie / Monde

4. soleil / lune / mer

5. île / étoile / continent

6. Sénégal / Côte d'Ivoire / Canada

4 Complétez par un terme approprié.

1. Il est huit heures du soir, c'est le _____ de soleil.

2. Pendant la nuit, je vois la _____ dans le ciel.

3. L'Atlantique est un _____.

4. L'Afrique est un _____.

5. Le Canada se trouve en Amérique du _____.

6. L'Asie se trouve à l'_____ de l'Europe.

L'EUROPE : PAYS, NATIONALITÉS, LANGUES

Voici l'**Union européenne** (U.E.), « l'**Europe des Quinze** », en 2001 :

Le pays	La nationalité	La langue
la France :	Michel est français	→ il parle français.
l'Allemagne :	Hans est allemand	→ il parle allemand.
la Grande-Bretagne :	John est britannique	→ il parle anglais.
l'Irlande :	Brendan est irlandais	→ il parle anglais.
l'Italie :	Giovanni est italien	→ il parle italien.
le Portugal :	Mario est portugais	→ il parle portugais.
l'Espagne :	Juan est espagnol	→ il parle espagnol.
les Pays-Bas :	Jan est néerlandais	→ il parle néerlandais.
la Belgique :	Louis est belge	→ il parle français et néerlandais.
le Luxembourg :	Pierre est luxembourgeois	→ il parle français et allemand.
la Grèce :	Vassili est grec	→ il parle grec.
la Finlande :	Markku est finlandais	→ il parle finnois.
la Suède :	Bjorn est suédois	→ il parle suédois.
l'Autriche :	Wolfgang est autrichien	→ il parle allemand.
le Danemark :	Jens est danois	→ il parle danois.

Jane habite en France, mais elle est **étrangère**, elle n'est pas française.

Est-ce que vous parlez des langues étrangères ?

Remarques grammaticales : 1. La forme féminine de l'adjectif de nationalité est généralement **-e** : *Tarja est finlandaise, Katarina est allemande.*
2. Le nom des langues est masculin : **le** *danois,* **le** *portugais,* **le** *chinois…*

1 Les langues européennes. Complétez les mots croisés suivants.

Horizontalement :

1. Se parle en Espagne.

2. Se parle en Allemagne et en Autriche.

3. Se parle en Italie.

4. Se parle en Finlande.

5. Se parle aux Pays-Bas et en Belgique.

6. Se parle en France et en Belgique.

Verticalement :

a. Se parle au Portugal.

b. Se parle en Grande-Bretagne et en Irlande.

c. Se parle en Grèce.

d. Se parle en Suède.

e. Se parle au Danemark.

2 Complétez le tableau suivant.

Pays	Nationalité et langue	Nationalité uniquement

Autriche – allemand – Irlande – néerlandais – portugais – britannique – belge – grec – Finlande – Italie – Luxembourg – Allemagne – autrichien – français – luxembourgeois – Grèce – irlandais – italien – finlandais

3 Vrai ou faux ? (voir la carte, page de gauche, si nécessaire)

VRAI FAUX

1. Le Danemark est au sud de la Suède. ❏ ❏

2. Le Portugal est au nord de l'Europe. ❏ ❏

3. La Grande-Bretagne est un continent. ❏ ❏

4. La Finlande est l'est de la Suède. ❏ ❏

5. La mer Méditerrannée est au sud de l'Europe. ❏ ❏

6. L'Atlantique est à l'est de l'Europe. ❏ ❏

LA FRANCE

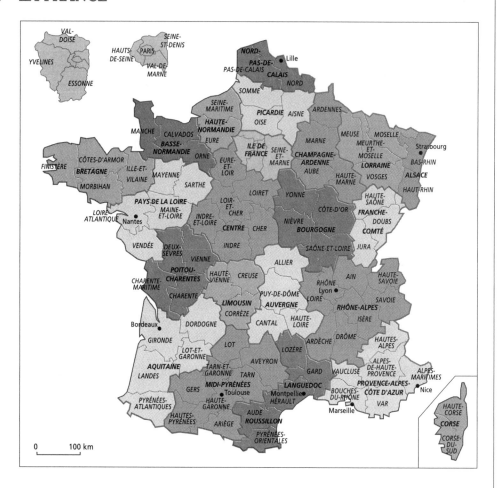

- La France a environ 60 millions d'**habitants** en 2000. Sa **capitale** est Paris.
- La France a **une frontière** avec six pays.
- Elle a deux grandes **chaînes de montagnes** : les Alpes et les Pyrénées.
- Elle a six **fleuves** : la Seine, le Rhône, la Loire, la Garonne, le Rhin, la Meuse.
- Elle comprend **une** grande **île** : la Corse.
- La France est administrativement divisée en **régions** (la Normandie, la Provence, l'Alsace, la Bretagne, etc.) et en **départements** (le Finistère, le Gard, la Dordogne, etc.).
- Les Français divisent la France en deux parties : Paris (et **les Parisiens**) et **la province** (et **les provinciaux**), c'est-à-dire toutes les régions SAUF Paris !

*Frédéric habite à Paris mais il est **d'origine provinciale**.*

Blaise habite une petite ville de province.

Remarque pratique : Les départements sont classés par ordre alphabétique et par numéro : Ain (01) ; Aisne (02) ; Allier (03)... Ce numéro se trouve sur la plaque d'immatriculation des voitures et sur le code postal : 18, avenue de la République, **02**200 Soissons.

1 Vrai ou faux ?

	VRAI	FAUX
1. La France a une frontière avec l'Autriche.	❏	❏
2. Les Pyrénées sont au sud de la France.	❏	❏
3. La Normandie est un département.	❏	❏
4. Les provinciaux habitent en Provence.	❏	❏
5. La Loire est un fleuve.	❏	❏
6. La Corse est une île.	❏	❏
7. Strasbourg se trouve à l'ouest de la France.	❏	❏

2 Choisissez la bonne réponse.

1. La Seine est un fleuve | une île .

2. L'Italie est au sud | au nord de l'Europe.

3. Paris est la capitale | la montagne de la France.

4. L'Espagne est une région | un pays d'Europe.

5. Grant est américain, il vient du Canada | des États-Unis .

3 Complétez.

1. Paris est la _____ de la France.

2. Il y a 60 millions d'_____ en France.

3. Nicole n'habite pas à Paris, mais en _____ .

4. La France a une _____ avec l'Espagne.

5. Le Rhône est un _____ .

6. On peut voir le numéro du _____ sur la plaque des voitures.

7. La Provence est une _____ .

4 À vous ! Parlez de votre pays !

1. Quel est votre pays ? Dans quel continent se trouve-t-il ? _____

2. Combien y a-t-il d'habitants ? _____

3. Quelle est la capitale ? _____

4. Est-ce que votre pays a des chaînes de montagne ? _____

5. Avec quels pays est-ce qu'il a des frontières ? _____

6. Est-ce qu'il a des fleuves ? _____

7. Est-ce qu'il a des îles ? _____

22

LA MÉTÉO

LA TEMPÉRATURE

- **Il fait combien ?** (= quelle est la température ?)
– Il fait 25° (« il fait vingt-cinq »).
– Il fait – 10° (« il fait moins 10 »).

- **Il fait... chaud** (≠ **froid**)
  - Il fait **bon** = la température est très agréable pour la saison.
  - Il fait **frais** = un peu froid, mais pas trop.
  - Il fait **doux** = il ne fait pas froid pour la saison.

QUEL TEMPS FAIT-IL ?

- **Il fait... beau** (= le ciel est bleu).
  très beau.
  un temps magnifique, splendide.

- **Il fait... gris** (= le ciel est gris = le ciel est **couvert**).

  mauvais (= il pleut, il fait froid).

  un temps **épouvantable** (= très mauvais).

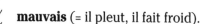

- **Il neige → la neige**

Il **pleut → la pluie**
Il pleut « **à torrents** » = il pleut très fort.

Remarque : Les Français utilisent beaucoup la forme négative. Ils disent souvent : « Il ne fait pas beau, aujourd'hui », « il ne fait pas chaud », « il ne fait pas mauvais ».

1   **Choisissez la réponse correcte.**

1. Il fait combien, aujourd'hui ?

   a. Il fait 27°. ❏

   b. Il fait beau. ❏

2. Il fait froid ?

   a. Oui, il fait –2°. ❏

   b. Oui, il fait 20°. ❏

3. Quel temps fait-il ?

   a. Il fait 12°. ❏

   b. Il fait un temps épouvantable. ❏

4. Il fait mauvais ?

   a. Oui, il pleut à torrents. ❏

   b. Oui, il fait un temps magnifique. ❏

5. Il pleut ?

   a. Oui, à torrents. ❏

   b. Oui, il neige. ❏

6. Il fait beau ?

   a. Non, il fait doux. ❏

   b. Non, il fait gris. ❏

2   **Répondez par le contraire.**

1. Il fait chaud ?   → Non, au contraire, _____

2. Il fait un temps magnifique ?   → Non, au contraire, _____

3. Il fait mauvais ?   → Non, au contraire, _____

4. Le ciel est bleu ?   → Non, au contraire, _____

3   **Éliminez l'intrus.**

1. beau / mauvais / gris

2. magnifique / épouvantable / splendide

3. mauvais / doux / bon

4. gris / frais / couvert

5. mauvais / épouvantable / chaud

6. chaud / froid / couvert

4   **Associez les phrases de même sens.**

1. Il fait très chaud.

2. Il fait mauvais.

3. Il pleut à torrents.

4. Il fait gris.

5. Il fait un temps magnifique.

6. Il ne fait pas chaud.

7. Il fait très froid.

   a. Il fait froid.

   b. Il fait un temps splendide.

   c. Il fait –8°.

   d. Il pleut très fort.

   e. Il ne fait pas beau.

   f. Il fait 40 °.

   g. Le ciel est couvert.

• **Il y a...**

du soleil	**du brouillard**
des nuages	**de la neige**
du vent	**du verglas** sur les routes (= de la glace, mais invisible)

Remarque : On peut varier les expressions avec : « Il y a **beaucoup de** vent, de brouillard... »

• Il y a **un orage** :
il pleut, on entend **le tonnerre**,
on voit **un éclair** dans le ciel.

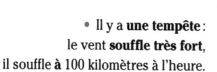

• Il y a **une tempête** :
le vent **souffle très fort**,
il souffle **à** 100 kilomètres à l'heure.

Remarque : En décembre 1999, une violente tempête a détruit des millions d'arbres en France. Des parcs historiques, comme celui du château de Versailles, ont été très abîmés (= endommagés).

1   Complétez les mots croisés suivants.

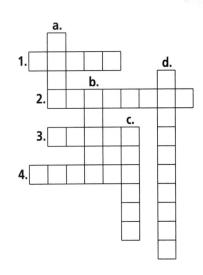

Horizontalement :

1. C'est blanc ; il y en a en hiver, surtout à la montagne.

2. On l'entend pendant l'orage.

3. C'est de l'eau solide, quand il fait -10°, par exemple.

4. Il est chaud, beau et jaune.

Verticalement :

a. Il souffle très fort, pendant la tempête.

b. Il est gris ou blanc dans le ciel.

c. On le voit pendant un orage.

d. C'est dangereux, surtout en voiture, car on ne voit rien.

2   Complétez par « il fait » ou « il y a ».

1. —————— du vent.

2. —————— gris.

3. —————— de la neige.

4. —————— un temps magnifique.

5. —————— un orage.

6. —————— du soleil.

7. —————— doux.

8. —————— 20°.

3   Complétez, en choisissant parmi les mots suivants.

nuages – pluie – vent – brouillard – tempête – neige – soleil – verglas – éclairs

1. Il y a beaucoup de _____ , je peux faire du ski.

2. Quand il y a un orage, on voit les _____ dans le ciel.

3. Les _____ sont gris ou noirs.

4. Quand il y a du _____ , on ne voit pas bien.

5. Le _____ souffle à 80 kilomètres à l'heure.

4°   À vous !

1. Il fait combien aujourd'hui ? _____

2. Quel temps fait-il, aujourd'hui ? _____

_____

3. Dans votre pays, en hiver, est-ce qu'il fait froid ? Est-ce qu'il pleut beaucoup ? Est-ce qu'il y a souvent

du brouillard ? _____

_____

_____

_____

23

LA VILLE – LA CAMPAGNE

le village < la ville < la grande ville

LE VILLAGE

Il y a des milliers de villages en France. Ils sont souvent jolis et anciens. **La vie** dans un village est en général **calme** et assez lente. Les gens se connaissent, se disent bonjour dans la rue.

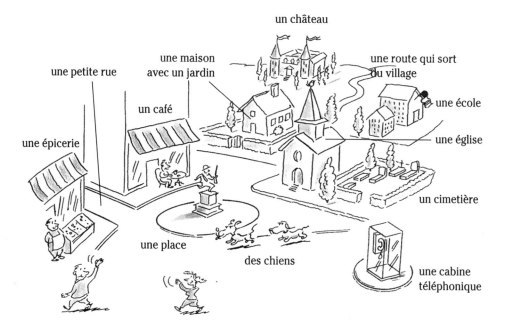

un château

une maison avec un jardin

une petite rue

un café

une épicerie

une route qui sort du village

une école

une église

un cimetière

une place

des chiens

une cabine téléphonique

LA CAMPAGNE

• Maxime habite **à la campagne**. Il a **une ferme**. Il est **fermier** : il **élève** des **poules**, des **poulets**, des **canards**, des **vaches**, des **cochons**, des **moutons**, des **chèvres**. Maxime a aussi **un chien** et **un chat**. Il aime beaucoup **les animaux**.

• Joseph est **agriculteur**. Pour aller dans **le champ** avec **son tracteur**, Joseph **monte sur une colline** et passe à côté d'**un petit lac**. Il **traverse le pont** qui **passe sur la rivière**. Joseph aime aussi regarder **les oiseaux** dans **le ciel** : il aime beaucoup **la nature**.

• Derrière la ferme, il y a **une forêt**.

un arbre

une feuille

une branche

des fleurs

de l'herbe

des champignons

1 Éliminez l'intrus.

1. poulet / cochon / champignon

2. fermier / tracteur / agriculteur

3. chèvre / chien / chat

4. arbre / feuille / champ

5. colline / canard / mouton

6. rivière / forêt / lac

2 Complétez la lettre de Louise à Valérie par les mots suivants.

place – château – école – vie – café – église – ~~village~~

> Ma chère Valérie,
> Je suis à Villefranche pour quelques jours ! C'est un très beau
> ___village___ . J'ai déjà visité le _____ qui date du
> XVᵉ siècle. Il y a aussi une vieille _____ sur la
> _____ . J'ai pris un jus d'orange dans un joli
> _____ au centre de Villefranche. La
> _____ est vraiment très calme, ici. Il est 16 h 30 :
> j'entends juste les enfants qui sortent de l' _____ …
> Louise

3 Choisissez le mot juste.

1. – Vous préférez la ville ou la _____ ?   *village / campagne*

  – Je préfère la _____ .   *campagne / nature*

2. – Vous êtes _____ ?   *fermier / ferme*

  – Oui, j'ai une grande _____ .   *fermier / ferme*

3. – Vous élevez des _____ ?   *champs / animaux*

  – Oui, des _____ .   *moutons / chats*

4. – René prend son tracteur pour aller dans les _____ ?   *champignons / champs*

  – Oui, puisqu'il est _____ .   *agriculteur / fermier*

5. – Est-ce que la _____ est belle ?   *village / forêt*

  – Oui, elle a des _____ très variés.   *fleurs / arbres*

4 Associez.

1. Sophie aime la vie calme.   donc…   **a.** Il est fermier.

2. Hélène aime les animaux.   **b.** Il aime la nature.

3. Romain élève des vaches.   **c.** Elle habite dans un village.

4. Vincent aime les arbres et les fleurs.   **d.** Il est agriculteur.

5. Félix va aux champs avec son tracteur.   **e.** Elle a deux chiens.

LA VILLE

La vie en ville est **animée** et **rapide**. Les gens ne se connaissent pas. Il y a beaucoup d'activités, de boutiques, etc. On distingue le **centre de la ville** de **la banlieue**. La ville est composée de plusieurs **quartiers**.

un quartier d'une ville :
un immeuble (1)
un grand magasin (2)
des boutiques (3)
une cathédrale (4)
un jardin public (5)
un musée (6)
une rue, une avenue (7)
un théâtre (8)
une poste (9)

DANS LA RUE

les gens qui **font la queue**
devant **le cinéma** (1)
un passage piétons (2)
un feu rouge (3)
un kiosque à journaux (4)
des publicités (5)
un parking (6)
un trottoir (7)
un restaurant (8)
un taxi (9)
un embouteillage (10)

Remarque culturelle : Connaissez-vous l'expression familière et typiquement parisienne « **métro-boulot-dodo** » ? Cette expression décrit la vie fatigante et routinière d'une grande ville. « Boulot* » = travail ; « dodo* » = dormir.
– *Bonjour Lucien, ça va ?*
– *Bof, ça va… rien de spécial… métro-boulot-dodo* ! *

E X E R C I C E S

1   Choisissez la bonne réponse.

1. Léon traverse la rue au | parking | passage piétons | trottoir | .

2. Nous marchons sur le | rue | jardin | trottoir | .

3. Les enfants jouent dans le | jardin public | restaurant | musée | .

4. Ils visitent le | théâtre | magasin | musée d'art moderne | .

5. J'ai dîné dans un bon | poste | restaurant | immeuble | .

6. À Paris, Pauline aime bien regarder les jolies | villes | embouteillages | boutiques | .

2   Complétez le tableau suivant.

Éléments typiques d'une ville	Éléments d'une ville ou d'un petit village
_____ _____	_____ _____
_____ _____	_____ _____
_____ _____	_____ _____

une rue – une cathédrale – un café – un embouteillage – une école – un grand magasin –
un kiosque à journaux – un cinéma – une place – une avenue – un trottoir – un château

3   Vrai ou faux ?

	VRAI	FAUX
1. La vie dans un village est très rapide.	❏	❏
2. Il y a des immeubles dans une grande ville.	❏	❏
3. Il y a une cathédrale sur la place du petit village.	❏	❏
4. Dans le centre de la ville, il y a des boutiques.	❏	❏
5. Ils habitent dans la banlieue d'un petit village.	❏	❏
6. Elle connaît bien tous les quartiers de la ville.	❏	❏

4   À vous !

1. Connaissez-vous quelques villes de France ? _____

_____

2. Avez-vous déjà visité de jolis villages en France ? _____

_____

3. Préférez-vous vivre en ville ou à la campagne ? _____

4. Pourquoi ? _____

_____

5. Là où vous habitez, est-ce qu'il y a beaucoup de fermes ? _____

24

LES DIRECTIONS

DANS LA RUE

• Pardon, monsieur, **je suis** un peu **perdu**, **je cherche** la place des Vosges, s'il vous plaît.
– Vous **prenez** la rue Saint-Antoine, puis la deuxième **à gauche**, et vous **arrivez** place des Vosges.
– **C'est loin d'ici ?**
– Non, **c'est à** 10 minutes **à pied**, à peu près.

• Pardon, madame, **où est** l'arrêt du bus 96, s'il vous plaît ?
– Vous **traversez** la place de la Bastille, vous **tournez à droite** dans le boulevard Beaumarchais, puis vous prenez la deuxième à gauche.
Vous **allez voir** l'arrêt du bus **devant** (≠ **derrière**) vous.

• Pardon, madame, **pour aller à** l'Hôtel de Ville, s'il vous plaît ?
– Vous **suivez** la Seine, et vous allez voir l'Hôtel de Ville **sur votre droite**.
– **C'est loin ?**
– Non, **c'est tout près**.

• Pardon, monsieur, **où se trouve** la Bastille ?
– C'est **tout droit** ! C'est **au bout de** la rue.

• Pardon, madame, **où est-ce que je peux trouver** une pharmacie ?
– Vous **continuez** tout droit, et **au** premier **croisement**, vous **allez voir** une pharmacie juste **au coin**. Elle est **à l'angle de** la rue de Tolbiac **et de** l'avenue d'Italie.

• Pardon, monsieur, **est-ce qu'il y a** une station de métro, **par ici** (= **dans le quartier**) ?
– Oui, et **c'est facile à trouver.** Vous allez **jusqu'au bout** de la rue, et le métro « Châtelet » est **juste en face**.

Remarque culturelle : Pour certaines places, les Parisiens disent simplement : « la Bastille », « la Concorde », « l'Étoile », « République », au lieu de « Place de la Bastille », etc.

1 **Choisissez les termes possibles.**

1. Je | prends | arrive | cherche | traverse | vais | la rue.

2. C'est | tout près | jusqu'au bout | loin | à pied | à dix minutes | tout droit | .

3. Où | est | trouve | cherche | se trouve | l'avenue Mozart ?

4. Vous | prenez | tournez | continuez | traversez | voyez | à droite.

5. C'est | au bout | au croisement | à l'angle | à droite | de la rue de Seine et de la rue Jacob.

2 **Consultez le plan de Paris et expliquez les itinéraires suivants,
qui partent tous de la place Saint-Germain-des-Prés.**

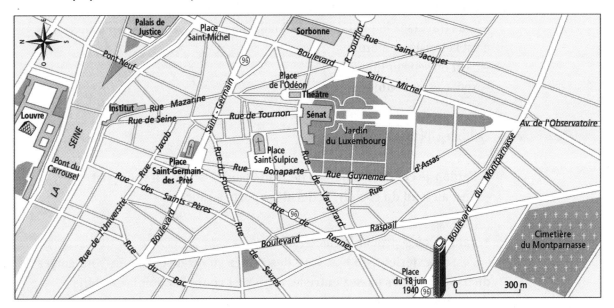

1. Pour aller au jardin du Luxembourg, vous _____

2. Pour aller à la Sorbonne, vous _____

3. Pour aller au théâtre de l'Odéon, vous _____

3 **Consultez le plan ci-dessus, et dites si c'est vrai ou faux.**

	VRAI	FAUX
1. La tour Montparnasse est au bout de la rue de Rennes.	❑	❑
2. Pour aller de l'église Saint-Sulpice à la Sorbonne, on doit suivre la Seine.	❑	❑
3. Il y a un arrêt de bus 96 place Saint-Germain-des-Prés.	❑	❑
4. Pour aller de la Sorbonne à la tour Montparnasse, on traverse la Seine.	❑	❑
5. L'église Saint-Sulpice est loin de la place Saint-Germain-des-Prés.	❑	❑
6. Il y a une église à l'angle du boulevard Saint-Michel et du boulevard Saint-Germain.	❑	❑

SUR LA ROUTE

• Pardon, monsieur, **pour aller à** Versailles, s'il vous plaît ?
– Vous **prenez l'autoroute** A 13, vous **suivez la direction** Rouen.
Vous faites 5 ou 6 **kilomètres**, et vous allez voir **la sortie** « Versailles ».

• Pardon, madame, pour aller au parc de Versailles, s'il vous plaît ?
– Vous suivez la direction « Versailles », vous allez arriver à **un** grand
carrefour. Vous continuez **sur la** grande **route** et **après** (≠ **avant**) **le** troisième
feu, vous allez voir l'entrée du parc sur votre droite. C'est **indiqué**.

• Pardon, monsieur, la route de la Reine, s'il vous plaît ?
– Vous **traversez le pont** de Saint-Cloud, vous arrivez à **un rond-point**,
c'est la troisième à droite.
– C'est **en sens unique** ?
– Non, c'est **à double sens**.

DANS UN BÂTIMENT

• Pardon, **je cherche** le bureau de Jean-Claude Darlier, s'il vous plaît.
– C'est **au fond du couloir**, **la dernière porte** à gauche.

• Pardon, où se trouve la cafétéria ?
– C'est **à l'extérieur, en bas**. Vous **descendez au rez-de-chaussée**, vous **sortez
du** bâtiment, vous **passez entre** les arbres, et vous allez voir la cafétéria
de l'autre côté du parking.

• Est-ce qu'il y a une photocopieuse, ici ?
– Oui, **là-bas**, juste **à côté du** bureau 17.
– **C'est où ?**
– **Au premier étage**, à droite.

• **Au restaurant :**
– Vous désirez déjeuner **dedans** ou **dehors** ?
– **À l'intérieur**, s'il vous plaît. Il fait un peu froid, dehors. **Où sont** les toilettes,
s'il vous plaît ?
– **En haut**, à droite. Vous **montez l'escalier** là-bas.

1 Pour les deux dialogues suivants, choisissez la bonne réponse.

1. Pardon, madame, pour | aller | venir | à Fontainebleau, s'il vous plaît ?

2. Vous | prenez | allez | l'autoroute A6.

3. Vous | continuez | suivez | la direction Lyon.

4. Vous allez | voir | traverser | la sortie « Fontainebleau ». C'est | loin | indiqué | .

a. Pardon, monsieur, je | cherche | trouve | le bureau de Robert Moreau.

b. C'est dans l'autre | bâtiment | escalier | .

c. Vous | montez | descendez | au rez-de-chaussée.

d. Vous | cherchez | sortez | du bâtiment.

e. Vous | traversez | prenez | le parking.

f. Vous allez | voir | tourner | le bâtiment.

g. Le bureau de Robert Moreau est | à côté de | dedans | la réception.

2 Répondez par le contraire.

1. C'est *dedans* ? → Non, c'est _____

2. Vous *montez* ? → Non, je _____

3. C'est *en bas* ? → Non, c'est _____

4. C'est *à l'extérieur* ? → Non, c'est _____

5. La rue est *en double sens* ? → Non, elle est _____

6. C'est la *première* porte ? → Non, c'est la _____

7. C'est *après* le feu rouge ? → Non, c'est _____

3 Choisissez la bonne réponse.

1. C'est loin d'ici ?
   a. Non, c'est tout près. ☐
   b. Non, c'est à l'angle. ☐

2. Pour aller à Senlis, s'il vous plaît ?
   a. Vous traversez l'autoroute A1. ☐
   b. Vous prenez l'autoroute A1. ☐

3. Où sont les toilettes, SVP ?
   a. Au fond de la salle, à gauche. ☐
   b. Au bout de la rue, à gauche. ☐

4. C'est tout droit ?
   a. Oui, c'est au bout de la rue. ☐
   b. Oui, c'est à droite. ☐

5. Vous voulez dînez dehors ?
   a. Non, je préfère à l'extérieur. ☐
   b. Non, je préfère dedans. ☐

6. Où se trouve la boulangerie ?
   a. Au coin de la rue. ☐
   b. À double sens. ☐

25 LES TRANSPORTS

LA VOITURE

le volant
le moteur
la roue
le coffre
la ceinture de sécurité
le phare

• Pour conduire en France, il est obligatoire d'avoir **le permis de conduire** et «**les papiers**» de la voiture (**l'assurance**, **la carte grise**…).
– *Chérie, tu as pris tes papiers ?*   – *Oui, ils sont dans mon sac.*

• Damien **conduit bien**, c'est **un bon conducteur** ≠ Matthieu conduit **mal**, c'est un **mauvais conducteur**. Il conduit **trop vite** : il **fait du** 180 **kilomètres à l'heure** sur l'autoroute !

• Damien **a changé de** voiture (= il a une nouvelle voiture). Il n'a pas acheté une voiture **neuve**, mais une voiture **d'occasion** (= de seconde main).

• Quand la voiture ne **marche** pas (= quand elle est **en panne**), Damien va chez **le garagiste** (= **le mécanicien**). Le garagiste **répare** la voiture. Tous les 10 000 kilomètres, le mécanicien **fait** «**une révision**» de la voiture : c'est la révision **des** 30 000 **km**, par exemple.

• Damien **roule** beaucoup (= il **fait** beaucoup de kilomètres), il doit souvent **prendre de l'essence à la station-service** : il prend du **super sans plomb** 95.

• Damien **a garé** sa voiture dans la rue, mais il n'a pas pris de **ticket à l'horodateur**. Il a eu **une contravention** (= **un PV*** ou *procès-verbal*) de 15 €.

D'AUTRES VÉHICULES

un camion   la trottinette   un vélo   une moto

1   **Vrai ou faux ?**

	VRAI	FAUX		VRAI	FAUX
1. Une voiture a deux roues.	❑	❑	**4.** Un camion a un volant.	❑	❑
2. Un vélo a un moteur.	❑	❑	**5.** Une voiture a juste un phare.	❑	❑
3. Une trottinette n'a pas de phare.	❑	❑	**6.** Une moto a un moteur.	❑	❑

2   **Associez les phrases de même sens.**

1. Il roule beaucoup.

2. Il prend de l'essence.

3. Il a une nouvelle voiture.

4. La voiture est en panne.

5. Il a eu une contravention.

6. Il conduit vite.

a Il a changé de voiture.

b. Il a eu un PV.

c. Il fait beaucoup de kilomètres.

d. Il fait du 140 km à l'heure.

e. Il prend du super.

f. La voiture ne marche pas.

3   **Complétez le dialogue par les termes suivants.**

essence – neuve – roules – changé – super – fais – d'occasion – nouvelle

1. – Tu as _____ de voiture ?

2. – Oui, j'ai une _____ voiture.

3. – C'est une voiture _____ ?

4. – Non, c'est une voiture _____ .

5. – Quelle _____ est-ce que tu utilises ?

6. – Du _____ sans plomb.

7. – Tu _____ beaucoup ?

8. – Non, pas beaucoup. Je _____ 200 kilomètres par semaine, environ.

4   **Répondez aux questions.**

1. – Est-ce que Léon conduit bien ?

   – Oui, c'est un bon _____ .

2. – Est-ce que la voiture marche ?

   – Non, elle est _____ _____ .

3. – Où est-ce que tu prends de l'essence ?

   – À la _____- _____ , à la sortie de la ville.

4. – Est-ce que Nadège conduit vite ?

   – Oh oui, elle _____ du 150 km/heure.

5. – Est-ce que c'est une voiture d'occasion ?

   – Non, c'est une voiture _____ .

LES TRANSPORTS EN COMMUN

■ Le bus

• Pauline voudrait **prendre le bus**. Elle **attend le** 21 (« le vingt et un ») à **l'arrêt de bus**. Quand le bus arrive, elle **monte dans** le bus. Quand elle arrive **à destination**, elle **descend du** bus.

■ Le métro

• Agnès **prend le métro à la station** « Bastille ». Elle voudrait aller à Saint-Germain-des-Prés, mais ce n'est pas **direct**. Elle **prend la direction** « La Défense » (ligne 1), elle **change à** Châtelet (= elle **prend une correspondance** à Châtelet). Elle prend la direction « Porte d'Orléans » et **descend à** la station « Saint-Germain-des-Prés ».

Porte de Clignancourt
La Défense
Châtelet
St-Germain-des-Prés
Bastille
Château de Vincennes
Porte d'Orléans

• Pour prendre le métro, on doit avoir **un ticket**. On peut acheter **un carnet** de tickets (= 10 tickets) dans les stations de métro et les bureaux de tabac.

Remarque touristique : Certaines stations de métro à Paris sont jolies et bien décorées : Louvre, Varenne (musée Rodin), Arts-et-Métiers…

■ Le train

• Barbara habite à Bordeaux et va à Paris pour deux jours. Elle **prend le train à la gare** de Bordeaux. Elle prend **le TGV** (= Train à Grande Vitesse) pour Paris. Elle a acheté **un billet**, **un aller-retour** Bordeaux-Paris. Elle a **réservé une place en seconde** (classe), dans **un wagon non-fumeurs**. Barbara **monte dans** le train à Bordeaux et **descend du** train à Paris : *« Le TGV en provenance de Toulouse et à destination de Paris va entrer en gare, quai n° 3. Éloignez-vous de la bordure du quai, s'il vous plaît ! »*
« Bordeaux ! Bordeaux ! 2 minutes d'arrêt ! »

■ L'avion

• Vincent **prend l'avion à l'aéroport** de Roissy-Charles-de-Gaulle, pour aller à Rome. Il **prend le vol à destination** de Rome. Vincent est en retard, il risque de **rater** l'avion : *« Passagers du vol Air France 1805, à destination de Rome : embarquement immédiat, porte 24. »*
L'avion va **décoller** à 15 h 55 de **la piste de décollage**. L'avion va **atterrir** à Rome, sur **la piste d'atterrissage**, à 18 h 00.

E X E R C I C E S

1 **Associez.**

1. la gare
2. l'arrêt
3. l'aéroport
4. la station-service
5. la station

a. la voiture
b. l'avion
c. le métro
d. le train
e. le bus

2 **Remettez le texte dans l'ordre.**

a. Il arrive à destination.
b. Il attend le bus.
c. Il descend du bus.
d. Il arrive à l'arrêt de bus.
e. Il monte dans le bus.

1. _____
2. _____
3. _____
4. _____
5. _____

3 **Replacez les mots suivants dans le dialogue.**

Seconde – seconde – TGV – places – Fumeurs – aller-retour

1. – Bonjour, monsieur, je voudrais un _____ Paris-Lyon, s'il vous plaît.

2. – Oui, madame, vous voulez partir quel jour et à quelle heure ?

3. – Mercredi, au _____ de 9 h 12.

4. – Combien de _____ ?

5. – Une, s'il vous plaît.

6. – Première ou _____ ?

7. – _____ , s'il vous plaît.

8. – _____ ou non-fumeurs ?

9. – Non-fumeurs.

4 **Choisissez les termes possibles.**

1. Je prends | le métro | la station | un vol | un quai | de l'essence | le décollage | .

2. Nous montons dans | le bus | la correspondance | le train | le ticket | le quai | .

3. Il fait | des kilomètres | le train | un ticket | une révision | du 80 km / heure | .

4. Elle descend | du train | à la station « Étoile » | du bus | à Bordeaux | du quai | .

5. Il conduit | vite | 50 kilomètres | bien | mal | .

26   LE TOURISME – LES VOYAGES – LES VACANCES

AVANT DE PARTIR

- Est-ce que **vous aimez voyager**?
– Oui, je suis **un grand voyageur**. Je **fais** beaucoup de voyages.
– Où est-ce que vous allez? En France ou **à l'étranger**?
– Les deux, mais je préfère **visiter** un pays étranger.
– Vous préférez **partir en voyage seul** ou **en groupe**?
– Seul! Je n'aime pas les **voyages organisés**!

- Comment est-ce que **vous préparez** votre voyage?
– D'abord, j'achète **un guide touristique** du pays où je vais.
Ensuite, je demande **des renseignements** à **une agence de voyages**.
Puis, je **prends mon billet** d'avion ou de train.

- Avant de partir, on **prépare / fait les bagages**.

une valise

un sac de voyage

un sac à dos

une trousse de toilette

- Qu'est-ce que **vous emportez** dans vos bagages?
– **Une carte** du pays ou de la région et **le plan** de la ville où je vais.

– Est-ce que vous emportez aussi **un appareil photo** et **des films**?
– Oui, bien sûr, je **fais beaucoup de photos** en voyage.

- Avant de **partir en vacances** à l'étranger, n'oubliez pas de prendre **votre passeport**! Pour certains pays, il faut **demander un visa**. Il faut aussi **changer de l'argent dans un bureau de change**.

LE TOURISME – LES VOYAGES – LES VACANCES

E X E R C I C E S

1 **Choisissez la bonne réponse.**

1. Il `fait` `prend` des voyages.

2. Nous `allons` `partons` en voyage.

3. Je `fais` `mets` les bagages.

4. Je dois `changer` `échanger` de l'argent avant de partir.

5. Elle `va` `part` en vacances.

6. Ils `partent` `visitent` un beau pays.

2 **Replacez les mots suivants dans les phrases.**

appareil – plan – billet – guide – organisés – carte – agence

1. Je dois acheter une _____ de la Finlande et un _____ d'Helsinki.

2. Mon amie préfère les voyages _____ .

3. Elle travaille dans une _____ de voyages.

4. Il emporte un _____ photo.

5. Nous devons trouver un _____ touristique de l'Espagne.

6. Il prend son _____ d'avion pour le Sénégal.

3 **Vrai ou faux ?**

	VRAI	FAUX
1. Le sac à dos est un bagage.	❑	❑
2. Madeleine est une grande voyageuse = elle travaille dans une agence de voyages.	❑	❑
3. Elle fait un voyage organisé = elle part en groupe.	❑	❑
4. On change de l'argent dans une agence de voyages.	❑	❑
5. Pour partir en vacances, il faut avoir un visa.	❑	❑
6. Elle fait sa valise = elle prépare ses bagages.	❑	❑

4 **Associez pour constituer une phrase complète (plusieurs solutions possibles).**

	a. son voyage
1. Il part	**b.** des photos
	c. en groupe
2. Elle prépare	**d.** en voyage
	e. sa valise
3. Il fait	**f.** un beau voyage
	g. en vacances

LE LOGEMENT

• Hôtel Aurore, bonjour.

– Bonjour, monsieur, je voudrais **réserver une chambre** pour deux personnes **pour** trois **nuits**, du 3 mai ou 6 mai.

– Oui, madame, j'ai une chambre **avec salle de bains** à 68 €.

– Est-ce que le petit déjeuner est **compris** (= **inclus**) ?

– Oui, madame.

– D'accord, alors je **prends** la chambre.

– Vous pouvez me **confirmer la réservation** par fax ou bien vous me donnez un numéro de carte bancaire.

• Pour les vacances, vous **allez à** l'hôtel ou vous préférez **camper** ?

– Nous **faisons du camping** ; avec les enfants, c'est moins cher et c'est plus amusant.

– Vous avez **une tente** ?

– Oui, nous avons une tente et **une caravane**. La caravane, c'est pour les parents, et la tente, c'est pour les enfants !

– Vous allez toujours dans **le** même **camping** ?

– Non, nous changeons souvent !

une tente

une caravane

• Et vous ?

– Moi, je préfère aller dans **un club de vacances**. Tout est organisé (le voyage, **le séjour**, **les activités**), tout est compris, c'est plus facile.

PENDANT LES VACANCES

• Qu'est-ce que vous faites, pendant vos vacances ?

ISABELLE : Quand je **suis en vacances**, **je fais du tourisme** : je **visite** la ville, **les musées**, **les monuments historiques**… **Je prends des photos**, j'écris des **cartes postales** à mes amis, j'achète **des souvenirs**…

JULIEN : Mon amie adore **se promener** (= **faire des promenades**). Moi, je préfère **me reposer** : dormir, lire tranquillement… et bien manger !

1 Éliminez l'intrus.

1. chambre / camping / hôtel

2. tente / caravane / club de vacances

3. réservé / compris / inclus

4. activités / club de vacances / camping

5. réserver / organiser / confirmer

6. faire du tourisme / visiter / se reposer

2 Associez les phrases de sens équivalent.

1. Il fait du camping.

2. Elle fait du tourisme.

3. Il se repose.

4. Il prend une chambre.

5. Elle fait des promenades.

a. Elle fait des visites à pied.

b. Il va à l'hôtel.

c. Il a une tente.

d. Il dort beaucoup.

e. Elle visite des monuments.

3 Replacez les mots suivants dans la lettre de Gaspard et Margot.

*guide – hôtel – réservé – repose – photos – les valises – tourisme – carte – appareil – visité –
en vacances*

Chère Solène,
Nous sommes _____ _____ en Bourgogne. Nous avons fait _____
_____ en dix minutes : nous avons emporté une _____, un
_____ de Bourgogne et un _____ photo, et voilà ! Bien
sûr, nous n'avions pas _____ de chambre, mais nous avons trouvé un
joli _____ à Beaune. Gaspard passe ses journées à faire du
_____ : il a déjà _____ tous les monuments de la ville
et de la région ! Moi, je me _____. Le soir, nous apprécions la bonne
cuisine et les bons vins de Bourgogne ! Nous prenons aussi beaucoup de
_____ ! Nous te les montrerons.
Nous pensons à toi et nous t'embrassons !
Gaspard et Margot.

4 Devinette. De quoi parle-t-on ?

1. Je le regarde pour trouver une rue dans Paris. _____

2. C'est indispensable pour faire du camping. _____

3. Pour faire des photos, j'ai besoin de cet objet. _____

4. Il est inclus dans le prix de la chambre. _____

5. Je la regarde pour savoir où sont Lyon, Dijon, Autun et Beaune. _____

6. Avant de partir en voyage, je mets les vêtements dans cet objet. _____

7. C'est là que je demande des renseignements sur les voyages. _____

À LA MER

Les Verdel **passent leurs vacances** à la mer. Ils **vont à la plage** tous les matins.
Monsieur Verdel aime **nager**, madame Verdel aime **prendre le soleil**.
Les enfants jouent dans **le sable** et ils **se baignent**. Vers midi, toute la famille
pique-nique sous **le parasol**.

À LA MONTAGNE

Les Legras préfèrent **aller à la montagne**. Ils **partent aux sports d'hiver** dans
les Alpes. Ils sont contents de **prendre l'air**, car ils habitent à Paris. Ils **font du
ski** dès 9 heures le matin : Étienne, qui est très **bon skieur**, choisit **les pistes
rouges** ou **noires**, mais Romain, qui est débutant, prend les pistes **vertes** ou
bleues. Toute la journée, ils **prennent les remontées mécaniques** pour
monter au sommet de la montagne.

LE RETOUR DES VACANCES

Quand on **revient de** voyage, on doit d'abord **défaire les valises**. Ensuite, on
donne les photos à développer.
Et bien sûr, on **raconte ses vacances à** ses amis !

1 Associez pour constituer une phrase complète.

1. Elle va à la mer

2. Il est bon skieur, il prend

3. Les enfants jouent

4. Elle va à la montagne, aux

5. Ils pique-niquent

6. Je prends les remontées mécaniques

a. sports d'hiver.

b. pour monter au sommet.

c. sur la plage.

d. pour se baigner.

e. les pistes rouges.

f. dans le sable.

2 Complétez les phrases suivantes par « prend » ou « fait ».

1. Alexandra _____ le soleil.

2. Sabine _____ sa valise avant de partir.

3. Pierre _____ beaucoup de voyages à l'étranger.

4. Sarah _____ du tourisme.

5. Michel _____ son billet pour les États-Unis.

6. Réjane _____ du ski.

7. Delphine _____ du camping.

8. Sandrine _____ l'air.

3 Remettez le texte suivant dans l'ordre chronologique.

a. Elle prend son billet d'avion.

b. Elle écrit des cartes postales.

c. Christine prépare son voyage au Maroc.

d. Elle raconte son voyage à son ami.

e. Elle fait du tourisme.

f. Elle achète un guide et une carte du Maroc.

g. Elle défait sa valise.

h. Elle revient de voyage.

i. Elle fait sa valise.

j. Elle part au Maroc.

1. ____   2. ____   3. ____   4. ____   5. ____   6. ____   7. ____   8. ____   9. ____   10. ____

4 Répondez par le contraire des mots en italique.

1. Vous aimez partir *seul* ?

2. Il *fait* sa valise ?

3. Vous *faites beaucoup de choses* ?

4. Ils *partent en* voyage ?

5. Elle prend les pistes *noires* ?

→ Non, je préfère les voyages _____

→ Non, il _____

→ Non, je me _____

→ Non, ils _____

→ Non, elle prend les pistes _____

27 LES LOISIRS – LES SPORTS – LES JEUX

LES LOISIRS

• Francine, qu'est-ce que vous faites, pendant vos loisirs (= votre **temps libre**) ? Est-ce que vous avez **une activité** ?
– Oui, moi je **fais du yoga** (1) et mon mari fait **du bricolage** (2) dans la maison ou **du jardinage** (3).

• Thibaut, est-ce que vous **sortez** souvent ?
– Oui, je **vais au cinéma** ou **en « boîte* »** (= en **discothèque**, pour danser).

• Et toi, Benjamin, **qu'est-ce que tu fais** ?
– Moi, je **collectionne** les timbres (4) .
– Et ton père, est-ce qu'il **fait une collection** aussi ?

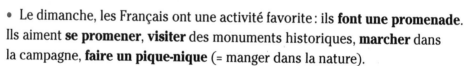

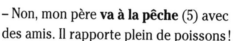

– Non, mon père **va à la pêche** (5) avec des amis. Il rapporte plein de poissons !

• Le dimanche, les Français ont une activité favorite : ils **font une promenade**. Ils aiment **se promener**, **visiter** des monuments historiques, **marcher** dans la campagne, **faire un pique-nique** (= manger dans la nature).

AVOIR UNE ACTIVITÉ SPORTIVE

• Est-ce que vous **faites du sport** ?
– Oui, je suis très **sportif**.
– Quel sport est-ce que vous **pratiquez** ?
– Je **fais du** tennis et du football.
– Est-ce que votre femme est **sportive**, aussi ? Est-ce qu'elle **aime le** sport ?
– Oui, elle aime beaucoup le tennis.
– Est-ce qu'elle **joue bien au** tennis ?
– Oui, elle joue très bien, mais moi, je joue assez **mal** ! Je joue **mieux** au football.
– Est-ce que vous **participez à des compétitions** ?
– Non, je joue seulement **en amateur** !

Remarque : Il « **fait** » du sport, du tennis, du basket… : c'est une activité régulière, « sérieuse » ; elle « **joue** » au tennis (occasionnellement).

1 **Choisissez deux bonnes réponses.**

1. Elle fait | du tennis | du sport | au basket-ball |.

2. Il aime | sportif | se promener | le sport |.

3. Ils vont | au cinéma | au football | à la pêche |.

4. Vous faites | du bricolage | en boîte | une promenade | ?

5. Il joue | mal | un sport | au rugby |.

2 **Éliminez l'intrus.**

1. promenade / collection / pique-nique

2. sport / boîte / discothèque

3. jouer / pratiquer / visiter

4. tennis / pêche / football

5. collectionner / marcher / se promener

6. bricolage / jardinage / compétition

3 **Complétez par un verbe approprié.**

1. Je _____ au cinéma.

2. Elle _____ du bricolage.

3. Est-ce qu'il _____ du sport ?

4. Oui, il _____ au rugby.

5. Ils _____ à la pêche.

6. Elle _____ sportive.

7. Nous _____ à une compétition.

8. Vous _____ un pique-nique ?

4 **Associez une question et une réponse.**

1. Est-ce que tu fais une collection ?

2. Est-ce que vous jouez bien au tennis ?

3. Tu participes à des compétitions ?

4. Est-ce que vous avez une activité ?

5. Est-ce que vous êtes sportif ?

6. Est-ce que tu fais du sport ?

a. Oui, très. Je fais du tennis, du ski et du football.

b. Non, jamais. Je déteste le sport.

c. Oui, je collectionne les cartes postales.

d. Non, assez mal.

e. Non, pas vraiment. Je me promène…

f. Non, je joue seulement en amateur.

QUELQUES SPORTS

■ Le football (« le foot* »)

• Il y avait **un match de** football entre deux **équipes**. Les Bleus **ont gagné** le match ≠ les Verts **ont perdu** le match. Les Bleus **ont marqué** 3 **buts**. Ils sont **champions du monde** de football. Beaucoup d'enfants admirent **les joueurs de** foot et aiment **jouer au ballon**.

• Dans votre ville, est-ce qu'il y a **des équipements sportifs** ?
– Bien sûr ! Nous avons **un terrain de** football et un terrain de rugby. **Les joueurs** prennent les terrains pour **les entraînements**, mais pour les compétitions, nous utilisons **le** grand **stade**.

■ Le tennis

Sur un court de tennis, deux joueurs jouent avec **une balle de** tennis et **une raquette**.

■ Les sports individuels

• Thierry **fait de la gym**[**nastique**] = il **va** deux fois par semaine **au club de** gym*. Le dimanche, il met **ses chaussures de sport** et il **fait du jogging** dans les bois. Il **court** pendant une heure environ. Il aime beaucoup **courir**.

• Une fois par semaine, Eve **va à la piscine** : elle met **son maillot de bain** et **son bonnet** et elle **fait de la natation**. Elle **nage** très bien.

• Brigitte **fait du vélo** (= de **la bicyclette**).

• Véronique **fait de la randonnée**. Elle porte **des chaussures de marche** et **un sac à dos**.

• Pierre **fait du ski** (voir chapitre 26).

1 Éliminez l'intrus.

1. gagner / perdre / nager

2. raquette / but / balle

3. piscine / terrain / stade

4. balle / vélo / bicyclette

5. équipe / but / joueurs

6. gym / jogging / équipement

7. natation / randonnée / piscine

2 Associez un objet et un sport.

1. raquette

2. ballon

3. balle

4. chaussures de marche

5. maillot de bain

a. football

b. natation

c. randonnée

d. tennis

3 Vrai ou faux ?

	VRAI	FAUX
1. Il va à la piscine pour faire de la natation.	❏	❏
2. Il y a un match de tennis entre deux équipes.	❏	❏
3. Ils font du vélo dans le stade.	❏	❏
4. L'équipe a perdu le match, donc elle est championne.	❏	❏
5. Le tennis se joue avec une raquette et un ballon.	❏	❏
6. Il y a un match de foot au stade.	❏	❏
7. L'équipe a gagné deux buts.	❏	❏

4 Choisissez la bonne réponse.

1. Il y a des | équipements | équipes | sportifs dans cette ville.

2. Il est content, parce qu'il a | gagné | marqué | un but.

3. Il y a un beau | court | terrain | de foot.

4. Elle | va | fait | au club de gym deux fois par semaine.

5. Malheureusement, ils ont | joué | perdu | le match.

6. Elle met | son maillot de bain | ses chaussures | pour faire de la natation.

cent trente-neuf • 139

LES JEUX

- Maman ! Je **m'ennuie** ! Je **ne sais pas quoi faire** !
- Tu veux **jouer à un jeu** ? **À quoi est-ce que tu veux jouer** ?
- Peut-être au Monopoly® ?
- D'accord, si tu **suis les règles du jeu** ! (suivre = respecter les règles)
- Bien sûr ! Je ne **triche** jamais !...
- Bon, **c'est à moi**.
- Non, **c'est mon tour** !

- Que font les enfants ?
- Thomas **est devant la télévision** avec **sa console de jeux** : il joue à **un jeu vidéo**.
Séverine joue avec **ses jouets**.
- Qu'est-ce que Séverine a, comme jouets ?
- **Des poupées**, **des petites voitures, un train électrique**...
- Elle **joue** souvent **à la poupée** ?
- Oh oui, et elle **s'amuse bien** !

- Est-ce que vous aimez **les jeux de société** ?
- Oui, j'aime bien jouer **aux cartes** et **aux échecs**.
- Est-ce que vous êtes **bonne joueuse** ?
- Oui, ça m'est égal de **gagner** ou de **perdre une partie**, mais mon ami est très **mauvais joueur** : il déteste perdre !
- Et vous, madame, est-ce que vous jouez **aux cartes** ?
- Non, moi je préfère jouer au **Scrabble**® et **faire des mots croisés**, j'adore ça.
- Et vous, monsieur ?
- Moi, je joue seulement **au Loto**, de temps en temps.
- Vous avez déjà **gagné le gros lot** ?
- Non jamais ! Une fois seulement, j'ai gagné un peu d'argent, mais pas beaucoup.

un jeu de cartes

un jeu d'échecs

le Loto

1   **Répondez par le contraire.**

1. – Elle s'ennuie ?

– Non, au contraire, elle s'_____ .

2. – Il a gagné la partie de cartes ?

– Non, il l'a _____ .

3. – Elle suit les règles du jeu ?

– Non, au contraire, elle _____ .

4. – Il est bon joueur ?

– Non, il est _____ .

2   **Quelle activité conseillez-vous à ces personnes ? Associez.**

1. Romain aime l'électronique et la vidéo.   **a.** le jardinage

2. Thomas adore l'eau.   **b.** les mots croisés

3. Barbara aime marcher dans la nature.   **c.** la console de jeux

4. Aude est une petite fille très calme.   **d.** le foot

5. Béatrice aime jouer avec les mots et les lettres.   **e.** la randonnée

6. Raphaël aime les matchs et la compétition.   **f.** la natation

7. Anne aime les fleurs et les plantes.   **g.** la poupée

3   **Replacez les mots suivants dans la lettre de Félix à sa grand-mère.**

jardinage – gagné – s'ennuient – jouer – maillot – ballon – console – mots croisés – équipe –
poupée – piscine – terrain – s'amuse – match – joue

Chère Mamie,
Je passe des vacances fantastiques ! Je _____ toute la journée avec mes
copains : il y a un _____ de foot dans le village, et on peut jouer au
_____ tous les jours. Hier, j'ai fait un _____ et mon
_____ a _____ ! Le samedi, on va à la _____ .
Heureusement que j'ai pris mon _____ de bain ! Le soir, avec Matthieu
et Lucien, on _____ bien avec ma _____ de jeux.
Hier, on a fait un jeu vidéo super.
Les filles s'amusent comme des filles, elles jouent à la _____ ! C'est
impossible de _____ avec elles !
Maman fait des _____ _____ et Papa fait du
_____ . J'ai l'impression qu'ils _____ un peu ! Les adultes ne
savent pas s'amuser…
Bisous, bisous !
Félix

28 LES ARTS – LES SPECTACLES

L'ART ET LA CULTURE

• Bénédicte aime et connaît l'art, la littérature, etc. : elle est **cultivée** (≠ **inculte**).
Elle habite une ville qui a beaucoup d'**activités culturelles** (= cinéma,
théâtre, etc.). Jérôme **pratique un art** : c'est **un artiste**.
Un(e) artiste a **du talent** ; un(e) **grand(e)** artiste a **du génie** = il / elle est **génial(e)**.

• Quand **une œuvre d'art** est d'une qualité exceptionnelle, on dit : « C'est
un chef-d'œuvre ! »

Remarque : « **Grand** » signifie souvent « de grande importance » : *Balzac est un grand écrivain.*

LES SPECTACLES

• **Un spectacle** est vu par des **spectateurs** (= **le public**) dans **une salle**
(**de cinéma, de spectacle**). Quand le public est content, il **applaudit**.
On entend **les applaudissements**.

• Tu veux **aller au cinéma** ?
– Pour **voir quel film** ? **Qu'est-ce qui passe** en ce moment ?
– *On connaît la chanson* d'Alain Resnais **passe** au cinéma Action.
– **Quels acteurs jouent**, dans ce film ?
– Il y a Pierre Arditi, par exemple, et comme **actrice**, Sabine Azéma,…
– C'est un **bon** film ? (≠ un **mauvais** film)
– Je pense, car j'ai lu **des critiques** très **positives**.

• J'aimerais bien **aller au théâtre**, samedi prochain.
– **Quelle pièce** tu voudrais voir ?
– Je ne sais pas. **Qu'est-ce qu'on joue**, en ce moment ?
– On joue *Ondine*, c'est une pièce de Giraudoux.
– Tu penses qu'il y a **des places** ou que c'est **complet** ?
– Je ne sais pas. Je vais téléphoner pour **réserver des places**.

• Bonjour, madame. Est-ce qu'**il reste des places pour** *Ondine* vendredi soir ?
– Oui, il reste des **places** à 8,50 € et à 12 €.
– Alors, je vais **prendre** deux places à 12 €.

E X E R C I C E S

1 **Vrai ou faux ?**

	VRAI	FAUX
1. Les spectateurs jouent dans le film.	❑	❑
2. Le public est content, alors il applaudit.	❑	❑
3. On va voir une pièce au cinéma.	❑	❑
4. Il reste des places = le théâtre est complet.	❑	❑
5. On va au théâtre pour voir un film.	❑	❑
6. On peut réserver des places de théâtre par téléphone.	❑	❑

2 **Devinette. De quoi ou de qui parle-t-on ?**

1. Ils regardent le spectacle. _____

2. J'en réserve deux pour mardi soir. _____

3. Elle joue dans un film de Rohmer. _____

4. Il passe au cinéma Saint-Germain. _____

5. On la joue tous les soirs sauf dimanche. _____

6. Il pratique un art. _____

3 **Choisissez la bonne réponse.**

1. Qu'est-ce qu'on joue, en ce moment ?
   a. Un film de Clouzot. ❑
   b. Une pièce de Musset. ❑

2. Qu'est-ce que tu penses de ce film ?
   a. C'est un chef-d'œuvre. ❑
   b. Il a du talent. ❑

3. Est-ce qu'il reste des places ?
   a. Non, il ne joue pas. ❑
   b. Non, c'est complet. ❑

4. Tu veux aller au théâtre ?
   a. Oui, mais pour voir quelle pièce ? ❑
   b. Oui, mais pour voir quel film ? ❑

5. C'est une grande artiste ?
   a. Oui, elle a beaucoup de talent. ❑
   b. Oui, c'est un chef-d'œuvre. ❑

6. Le public est content ?
   a. Oui, les critiques sont bonnes. ❑
   b. Oui, il applaudit. ❑

4 **Trouvez au moins un mot de la même famille.**

1. art → _____

2. spectacle → _____

3. culture → _____

4. génie → _____

5. applaudir → _____

LES ARTS VISUELS

• Jacqueline aime beaucoup **la peinture**, alors elle **visite** souvent **des musées**. Elle aime regarder des **tableaux** de grands **peintres**. Elle va aussi **voir des expositions de** peinture, de **sculpture**, de **photo**…

• Olivier aime beaucoup **dessiner** (1) (avec **un crayon** et du **papier à dessin**) et **peindre** (2) (avec **des pinceaux** et de la peinture).

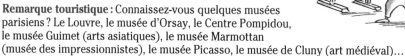

• Pierre **s'intéresse** beaucoup **à l'architecture**. Il a **visité** des **châteaux**, comme celui de Versailles ou de Fontainebleau ; il connaît bien **les églises** et **les cathédrales** (Notre-Dame de Paris, la cathédrale de Chartres…). Il aime aussi l'architecture **moderne**.

Remarque touristique : Connaissez-vous quelques musées parisiens ? Le Louvre, le musée d'Orsay, le Centre Pompidou, le musée Guimet (arts asiatiques), le musée Marmottan (musée des impressionnistes), le musée Picasso, le musée de Cluny (art médiéval)…

LA MUSIQUE

• Michel **fait de la musique**, il est **musicien**. Il **joue d'un instrument**, il **fait du piano**, c'est un très bon **pianiste**. Pierre fait de **la guitare** et François est **flûtiste**. Les trois amis **vont** souvent **au concert**.

• Sarah **fait du chant** : elle **a une belle voix**, elle **chante très bien**. Elle aime beaucoup **aller à l'opéra**.

• À la radio, on peut **entendre des chansons** de **chanteurs,** comme Francis Cabrel, ou de **chanteuses**, comme Mylène Farmer.

Remarque : Comme pour le sport, on peut utiliser le verbe « faire » pour une activité artistique régulière.

LA LITTÉRATURE

• Christine va à **la bibliothèque** pour **emprunter des livres**. En ce moment, elle **lit un roman de** Stendhal. C'est **un** grand **écrivain** qui a **écrit** plusieurs romans. Quand un livre lui plaît, Christine va à **la librairie** pour l'acheter et peut-être l'**offrir** à des amis.

1 Associez une personne et une activité culturelle.

1. Valentin aime la musique.
2. Maxime s'intéresse à la peinture.
3. Anne adore les films classiques.
4. Manon aime le chant.
5. Guillaume veut acheter un livre.
6. Benoît veut voir une pièce moderne.
7. Brigitte veut emprunter un livre.

a. l'opéra
b. le théâtre
c. la librairie
d. le concert
e. le musée
f. la bibliothèque
g. le cinéma

2 Éliminez l'intrus.

1. tableau / musée / concert
2. crayon / piano / pinceau
3. dessiner / peindre / chanter
4. opéra / château / cathédrale
5. chanteur / peintre / musicien
6. musée / exposition / librairie

3 Choisissez la bonne réponse.

1. On achète un livre dans une | librairie | bibliothèque | .
2. Il y a un bon film qui | joue | passe | en ce moment.
3. Je | dessine | peins | avec un pinceau.
4. Les | acteurs | spectateurs | jouent bien.
5. Thomas | fait | aime | du chant.
6. Félix regarde un tableau, il regarde de | l'architecture | la peinture | .

4 Complétez par un verbe approprié.

1. Un acteur _____ dans une pièce de théâtre.
2. Est-ce que vous _____ de la musique ?
3. De quel instrument est-ce que vous _____ ?
4. Il _____ un livre à la bibliothèque.
5. Nous _____ le château de Chantilly.
6. Avec un crayon, il _____ une fleur.
7. Sébastien _____ une belle voix.

INDEX

La catégorie grammaticale du mot
est indiquée entre parenthèses ainsi que le genre des noms.

n. = nom
m. = masculin
loc. = locution
v. = verbe
adv. = adverbe
prép. = préposition
interj. = interjection

n. comp. = nom composé
f. = féminin
adj. = adjectif
loc. verb. = locution verbale
loc. adv. = locution adverbiale
loc. prép. = locution prépositive
pron. = pronom

N° d'éditeur : 10124506 - Mai 2005 - Mame Imprimeurs (n° 05042137)